AF349707

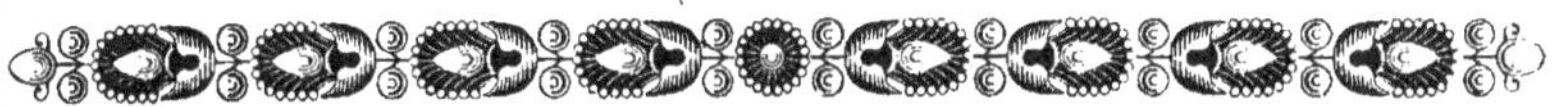

GLENARVON,

OU

LES PURITAINS DE LONDRES,

DRAME EN CINQ ACTES,

PAR

M. FÉLICIEN MALLEFILLE;

Représenté pour la première fois, à Paris, sur le théâtre de l'Ambigu - Comique,
le 24 février 1835.

DISTRIBUTION DE LA PIÈCE :

Lord GLENARVON......................... M. Thénard.

Lady MARGUERITE, sa femme................ Mme Darcey.

GEORGES, leur fils aîné...................... M. Guyon.

HARRY, frère cadet de Georges................. M. Albert.

CHARLES II, roi d'Angleterre.. .... M. Fosse.

Lord CAMPBELL........................... M. Saint-Ernest.

Miss Clary CAMPBELL, sa fille................. Mme Gautier.

BETTY, femme de chambre de lady Marguerite.... Mlle Sophie.

JENKINS, domestique du palais................. M. Cullier.

PETERS, } domestiques de Campbell........ { M. Gilbert.
DICKSON, } { M. Prosper.

Un Officier............................... { M. Barbier.
LE LIEUTENANT de la Tour de Londres....... {

Gardes, Courtisans, etc., etc.

La scène se passe en 1661.

ACTE PREMIER.

Londres. — L'hôtel des Glenarvon, la chambre de lady Marguerite. — Neuf heures du soir.

SCÈNE I.

MARGUERITE, en grande toilette ; BETTY.

MARGUERITE.

Betty, il n'est arrivé aucune lettre d'Écosse pour moi ?

BETTY.

Aucune, milady.

MARGUERITE.

Pourtant mon fils, mon noble Georges, n'a pas coutume de négliger ses devoirs, sur-tout ses devoirs envers sa mère. Et du pays de Galles, Betty, il n'est rien venu ?

BETTY.

Rien, milady.

MARGUERITE.

C'est étrange !... rien de mon mari, rien de mes enfants.

BETTY.

Milady sait bien que lord Glenarvon et sir Harry ont dans l'Ouest de grandes affaires à terminer, de même que sir Georges dans le Nord.

MARGUERITE.

Sans doute, sans doute : cependant ils pourraient bien trouver le temps de me donner un peu de leurs nouvelles... Un pareil silence peut devenir inquiétant.

BETTY.

Milady sait le proverbe : Point de nouvelles, bonnes nouvelles.

21

MARGUERITE.

Dans des temps ordinaires, oui, Betty; mais pas dans une époque comme celle-ci, où un jour ne se passe pas sans amener avec lui une conspiration ou une révolte; où les tribunaux ordinaires ne suffisent pas aux procès politiques; où le roi s'est cru obligé de créer un tribunal extraordinaire chargé de juger les causes graves et imprévues : terrible tribunal, qui siège nuit et jour, qui condamne presque sans entendre, et qui tue aussi rapidement que la foudre... Je sais que mon mari et mes enfants, malgré leurs opinions républicaines, sont fidèles observateurs des lois et de leurs devoirs; mais enfin ils sont connus par leur attachement à la secte puritaine, et à la cause populaire; et, en séjournant dans des provinces éloignées et peut-être rebelles, ils prêtent le flanc à la malice de leurs ennemis... Ah! que j'aimerais mieux les voir près de moi venir occuper à la cour le rang que leur assigne leur naissance, et que moi seule je soutiens par ma présence!

BETTY.

Il me semble que milady a tort de s'alarmer : si les choses allaient aussi mal que certains le disent, on ne serait pas aussi tranquille et aussi joyeux à la cour.

MARGUERITE.

Après tout, vous avez raison, mon enfant : puisque l'on se réjouit ici, l'on ne conspire pas là-bas... Il y a bal ce soir à Westminster, il n'y aura donc point bataille à la Cité... La fête sera, dit-on, magnifique... Betty, m'a-t-on apporté mon voile et ma mantille?

BETTY.

Pas encore, milady.

MARGUERITE.

Mais à quoi donc pense la marchande de rubans? croit-elle qu'il ne s'agisse que d'un raout insignifiant ou d'une promenade à Hyde-Parck?... Elle ne sait pas qu'avec sa lenteur elle peut me faire manquer le quadrille du roi, dont je dois être, et que c'est là un honneur que l'on accorde rarement, même aux femmes les plus nobles... Mais c'est très important, cela... allez lui dire, Betty, qu'elle quitte tout pour cette mantille, et qu'elle me l'envoie dès qu'elle sera prête.

BETTY.

J'y vas de ce pas, milady... Miss Glower, dans Bound-Street, je crois?

MARGUERITE.

Oui, cela même... allez... dites à Williams qu'il vienne à l'instant m'annoncer lord et miss Campbell, quand ils arriveront... Je les attends.

(Betty sort.)

SCÈNE II.

MARGUERITE, seule.

La belle et brillante nuit qui va se passer! tout ce que l'Angleterre possède de plus pur et de plus haute noblesse se pressera dans les salons de Westminster... Les Northumberland, les Devonshire, les Warwick, tous y seront, hommes et femmes, vieillards et jeunes gens. Cette fête, la première où Charles II ait voulu voir réunie l'élite des trois royaumes, est une espèce de banquet royal où tout ce qui porte un nom illustre viendra prendre sa place... Pourquoi faut-il que les Glenarvon n'y soient représentés que par une femme? pourquoi mes enfants ne sont-ils pas là pour soutenir l'honneur de la famille dont ils seront un jour les chefs?... Que je serais heureuse si je les y voyais tous deux à côté de moi!... Harry, si jeune et si gracieux, dont la beauté efface celle de tous les pages de la cour... et Georges, cet enfant de vingt ans, qu'à la pâleur de son visage, à la majesté de sa démarche, à la gravité de sa parole, on prendrait pour un homme de trente... Tous les regards seraient pour eux... pour lui sur-tout... Oh! je serais heureuse et fière, plus heureuse et plus fière que quand c'est moi que l'on regarde!... Mais s'ils étaient ici... peut-être refuseraient-ils de m'accompagner, tant ils sont imbus de la rigidité puritaine de leur père!... Oh! non, ils aiment trop leur mère pour la repousser quand elle les appellerait à garder l'honneur de leur maison. Que Betty est long-temps! Ah! j'entends... mais ce sont des pas d'homme : sans doute lord Campbell.

(Elle va à son miroir.)

SCÈNE III.

MARGUERITE, Lord GLENARVON, HARRY.

MARGUERITE.

Je vous demande pardon... Ah! c'est vous! (Allant à lord Glenarvon, qui l'embrasse gravement sur le front.) Milord, Dieu vous garde! (A Harry en l'embrassant.) Ah! mon enfant, que je suis heureuse de te voir!

HARRY.

Ma mère! ma bonne mère!

MARGUERITE.

Mon pauvre Harry! il y avait bien long-temps que ta mère ne t'avait embrassé. (Elle l'embrasse encore.) Vous arrivez du pays de Galles?

GLENARVON.

Oui, milady.

MARGUERITE.

A cheval, sans doute?

HARRY.

Oui, ma mère.

MARGUERITE.

Vous devez avoir besoin de repos? toi, surtout, mon Harry, tu dois être bien fatigué?

HARRY.

Un homme ne doit pas connaître la fatigue.

MARGUERITE.

Tu es si jeune!

HARRY.

Si jeune! Dans ces temps d'orage où nous vivons, les hommes mûrissent vite, ma mère.

SCÈNE IV.

LES MÊMES, GEORGES.

MARGUERITE.

Et toi aussi, mon noble Georges!

GEORGES, fléchissant un genou devant sa mère.

Que la bénédiction de Dieu soit sur vous, milady!

MARGUERITE.

Relève-toi, Georges, relève-toi! ce n'est pas aux genoux de ta mère, c'est sur son cœur qu'est ta place. (Elle l'embrasse.) Il me semble que tu as encore changé depuis que je ne t'ai vu; ton visage est plus pensif encore, et plus grave qu'autrefois.

GEORGES.

Ah! ma mère, c'est que des pensées graves aussi sont entrées dans ma tête; c'est qu'il s'est passé autour de moi de ces choses qui vous rendent l'œil sombre et le front pâle.

MARGUERITE.

Cependant j'espère que tu es revenu ici pensant toujours à ta mère?

GEORGES.

Oui, pensant toujours à ma mère comme ce que je dois le plus aimer après Dieu, le plus vénérer après mon père.

HARRY.

Et ton frère, Georges, l'as-tu donc oublié?

GEORGES, lui serrant la main.

Oh! n'en doute pas, frère, je t'ai toujours gardé l'amitié la plus tendre et la plus dévouée...

HARRY.

Et tu as raison, car jamais homme n'a été chéri d'un homme, comme Georges l'est de Harry.

MARGUERITE.

Mais comment se fait-il que tu sois arrivé à Londres, le même soir, presque au même instant que ton père et ton frère?

GEORGES, s'inclinant devant Glenarvon.

Que milord veuille bien dire cela à ma mère.

(Tous s'asseyent.)

GLENARVON.

Vous savez, milady, que nous étions allés, Harry et moi, dans le pays de Galles, et Georges en Écosse, pour mettre ordre aux biens que nous possédons dans les deux contrées, et observer en même temps quelle y était la situation des esprits...Toutes les promesses faites au peuple anglais par le roi Charles II, au moment de la restauration de 1660, sont, en cette année 1661, encore inexécutées et déjà méconnues : tant les rois oublient vite les serments de l'exil! L'Angleterre, qui n'a fait que changer de maîtres, sans changer de condition, commence à se lasser de son roi, au bout d'une année de règne... De tous côtés le pays s'agite... Il y a maintenant dans l'air un souffle de rébellion... Plusieurs comtés du pays de Galles sont en pleine insurrection... Je mandai ces choses à Georges, qui me répondit qu'au contraire tout était tranquille en Écosse... alors je lui donnai l'ordre de venir me joindre à Oxford. Là, nous devions nous consulter sur la conduite à tenir pour nous mettre à l'abri de ces misérables échauffourées politiques... car, si les révolutions ont toujours raison, les émeutes ont toujours tort... A Oxford, il fut résolu que Georges nous devancerait d'un jour pour sonder nos amis de Londres et des environs, et qu'il se retrouverait ici avec nous ce soir... c'est ce qui a été fait... Et maintenant, Georges, dis-nous ce que tu sais.

GEORGES.

Milord, il règne aussi à Londres un grand mécontentement... les classes pauvres souffrent et se plaignent... l'armée s'indigne de voir préférer de jeunes courtisans aux vieux soldats... les saints gémissent de voir assis sur le trône, dans la personne du roi Charles II, le blasphème et la débauche... tous regrettent le temps où gouvernait Cromwell, et où Dieu régnait... Un grand complot s'organise, dit-on.

GLENARVON.

Le séjour de Londres n'est pas plus sûr que celui des comtés de l'Est... il faut nous retirer vers le Nord. Qu'en pensez-vous, mes enfants?

GEORGES.

Que la volonté de notre père soit faite.

HARRY.

Nous sommes prêts.

GLENARVON.

Nous allons partir à l'instant pour Glenarvons'-House, en Écosse.

MARGUERITE.

Me quitter déja!

GLENARVON.

Rassurez-vous, milady, vous nous accompagnerez.

MARGUERITE.

En Écosse!

GLENARVON.

Oui, en Écosse... J'ai vu tout-à-l'heure dans la cour de l'hôtel votre coche attelé; vous allez y monter et nous suivre... Dans des temps comme ceux-ci, il ne faut pas remettre au lendemain ce qu'on peut faire le jour même.

MARGUERITE.

Partir ce soir!... et moi qui suis attendue au bal de la cour!

(Les trois hommes se lèvent ensemble.)

GEORGES et HARRY.

Au bal de la cour!

GLENARVON.

Vous allez, milady, au bal de la cour?

MARGUERITE.

Sans doute.

(Se levant ensuite.)

GLENARVON.

Certes!... c'est là une chose bizarre, et qui ne pouvait être vue que dans ces jours de folie, que la femme d'un élu de Dieu, d'un soldat de Maaston-Moor et de Worcester, d'un vieux lord républicain, allant rire et danser aux fêtes de Charles II; que la femme d'Abraham allant se réjouir aux orgies de Sodôme et de Gomorrhe!

MARGUERITE.

Milord, tant que l'Angleterre a été livrée à la guerre et à l'anarchie, j'ai cru qu'il était de mon devoir d'épouse de me renfermer loin du tumulte avec mes enfants, à l'éducation desquels je me dévouai... Mais, aujourd'hui que le roi appelle autour de lui toute sa noblesse, je crois de mon devoir, comme fille des Gordon et comme mère des Glenarvon, d'aller tenir à la cour le rang de mes aïeux, qui furent pairs d'Angleterre, et celui de mes enfants, qui le seront un jour.

GLENARVON.

C'est-à-dire, milady, que vous regrettez le temps que vous avez passé dans le vieux château des Glenarvon, à n'avoir d'autre compagnie que votre époux et vos enfants, d'autre passe-temps que la prière et la lecture de la Bible?

MARGUERITE.

Je ne regrette rien, milord; mais je dis que je ne veux pas retourner dans les tristes montagnes de l'Écosse, lorsque je puis, en restant à Londres, veiller à l'avenir de mes deux fils.

GLENARVON.

Vous ne voulez pas, milady?

MARGUERITE.

Non, milord.

GLENARVON.

A votre aise!... pourtant...

GEORGES.

Milord mon père me permettra-t-il d'élever la voix?

GLENARVON.

Parle, mon fils.

HARRY, doucement.

Georges, prends garde d'affliger notre mère.

GEORGES.

Je ferai observer à milady qu'il n'est peut-être pas fort convenable qu'on la voie paraître dans une cour où brille au premier rang notre ennemi mortel et héréditaire, le tout-puissant ministre, comte Campbell, favori du roi.

MARGUERITE.

Je ferai observer à mon fils Georges que sa mère est en âge et en état de savoir ce qui convient et ce qui ne convient pas, et que si lord Campbell était en Écosse l'ennemi mortel et héréditaire de lord Glenarvon, il s'est montré à Londres l'ami noble et dévoué de lady Glenarvon.

GEORGES.

Que ma mère me pardonne!

GLENARVON.

Puisque milady veut aller au bal, elle ira; mais, comme nous voulons partir, nous partirons: que Dieu l'ait en sa sainte garde!

(Il sort.)

MARGUERITE, froissant un gant.

Adieu, milord! (Georges la salue et veut sortir.) Toi aussi, Georges, tu me quittes!

GEORGES.

Madame, le fils doit aller où va son père.

(Il sort. Harry salue et veut sortir.)

MARGUERITE.

Et toi aussi, Harry!

HARRY.

Madame, je vais où va mon frère.

(Il sort.)

SCÈNE V.

MARGUERITE, seule.

Allons!... ils m'abandonnent tous... le père et les enfants... on dirait que c'est un complot... Ils veulent me faire sentir leur supériorité sur moi, en me montrant le vide qu'ils laissent autour de moi... Oh! oui... un vide... un grand vide!..... Ils me manqueront bien souvent. Quand je serai joyeuse, — et pourrai-je l'être? — je ne verrai pas mon bonheur se refléter dans leurs yeux... Quand je serai triste, — et je le serai bien souvent, — je ne pourrai pas reposer ma vue sur leurs traits bien-aimés... Cette idée me fait mal... Je serais trop isolée et trop malheureuse ainsi... je veux les rappeler... (elle fait quelques pas.) mais ce serait m'avouer vaincue, ce serait demander grace à mon mari pour un tort que je n'ai pas... Non, non... je ne veux pas: ils ont engagé la lutte; je la soutiendrai, moi; nous verrons... Et d'ailleurs n'aurai-je pas de quoi me consoler? les plaisirs, les fêtes... Oui, oui, je tiendrai bon; et ce sont eux qui seront obligés de faire le premier pas.

UN DOMESTIQUE, annonçant.

Milord Campbell.

MARGUERITE.

Faites entrer.

SCÈNE VI.

CAMPBELL, MARGUERITE.

CAMPBELL regarde par-tout avec soin, puis à part.

Enfin la voilà cette occasion que j'ai tant attendue... nous voilà seuls. (Haut.) Milady me permettra-t-elle de lui offrir mon hommage?

(Il lui baise la main.)

MARGUERITE.

Bonsoir, milord. Je suis désolée : il manque quelque chose encore à ma toilette, et je serai obligée de vous faire attendre.

CAMPBELL.

C'est un plaisir d'attendre, madame, quand on attend près de vous.

MARGUERITE.

Vous êtes trop bon. Pourquoi ne pas avoir amené, comme de coutume, votre aimable fille, miss Clary ?

CAMPBELL.

Elle était attendue à Westminster, et n'a pu venir vous chercher. Je la plains de n'avoir pas partagé mon bonheur.

MARGUERITE.

Votre bonheur?

CAMPBELL.

Oui, un bonheur d'autant plus grand, qu'il m'arrive bien rarement de pouvoir me trouver seul ainsi près de vous.

MARGUERITE.

Qu'importe que vous me voyiez seule ici, ou là-bas, au milieu de tout le monde ?

CAMPBELL.

Oh! il m'importe beaucoup.

MARGUERITE.

Pourquoi donc ?

CAMPBELL.

Parcequ'ici nulle autre voix que la mienne ne répond à votre voix, nul autre regard ne rencontre votre regard.

MARGUERITE.

Eh bien?

CAMPBELL.

Eh bien! cela me rend heureux; au lieu que là-bas, je suis toujours inquiet et agité, parceque je ne puis souffrir cette foule d'hommes qui se pressent autour de vous comme des abeilles autour d'une rose, se disputant sans cesse un regard, une parole de vous; qui sont là, écoutant parler votre voix, regardant battre votre cœur, touchant votre main, respirant votre haleine... Je suis jaloux d'eux !...

MARGUERITE, très sérieuse.

Je ne vous comprends pas.

CAMPBELL.

O qu'il est heureux cet homme qui a le droit de vous dire sans cesse toutes ses pensées, tous ses sentiments, tous ses desirs, toujours sûr que vous les partagerez et que vous les satis-

ferez! et cet homme, c'est un vieillard, un puritain, qui n'a ni le cœur assez chaud, ni la tête assez intelligente pour comprendre tout ce que le sort lui a départi de bonheur en lui donnant une telle femme!... Cet homme, c'est lord Glenarvon !

MARGUERITE, se levant.

Monsieur...

CAMPBELL.

Et moi, moi qui comprends et qui sens toute la félicité qu'il y aurait dans une telle vie! moi qui donnerais ma part du ciel pour obtenir ce bonheur sur la terre; moi, je n'ai pas le droit de vous dire : Je vous aime !

MARGUERITE.

Êtes-vous venu ici pour m'outrager?

CAMPBELL.

Non! non! pas pour vous outrager, Marguerite, mais pour vous dire tout ce qu'il y a de douleur et d'amour dans mon cœur; pour vous dire que vous êtes mon seul desir et ma seule espérance, et que, si vous ne m'aimez pas, je mourrai !

MARGUERITE.

Monsieur... c'en est assez.

CAMPBELL, à genoux.

Oh! par pitié! par pitié! Marguerite, ne me chasse pas! il y a si long-temps que je t'aime, et je t'aime tant, Marguerite! Aie pitié de moi!... Si tu savais comme je t'aime ! Pense que pour toi, pour t'aimer, j'ai refusé la main de la plus riche héritière des trois royaumes... pense donc que pour toi j'ai renoncé à la haine héréditaire des Campbell pour les Glenarvon... Oh! tais-toi! ne prononce pas contre moi des paroles de colère... Écoute! je suis ministre tout-puissant, j'ai entre les mains le sceau royal qui, apposé sur un parchemin, a force de loi; s'il est une chose que tu veuilles, n'importe laquelle, demande-la-moi : tu l'auras, quand ce seraient toutes mes richesses, quand ce seraient mes honneurs, quand ce serait ma vie !

MARGUERITE.

Je ne veux qu'une chose, c'est que vous sortiez... Sortez!

CAMPBELL, se mettant à genoux.

Oh! laisse-moi! laisse-moi rester !

MARGUERITE.

Sortez!... ou je vous fais chasser!

CAMPBELL, se levant.

Eh bien, faites !... mais je vous avertis que je suis décidé à tout, que je vous aime trop pour reculer devant quoi que ce soit, quand ce serait un crime. Et d'ailleurs vos domestiques sont trop éloignés d'ici pour entendre votre voix; le seul qui soit assez près m'est vendu... Nul ne peut venir à votre secours, vous êtes en ma puissance; et, puisque les prières m'ont si mal réussi, nous verrons si la force ne me réussira pas mieux.

MARGUERITE.

La force?

CAMPBELL.

Oui, la force!

MARGUERITE, reculant.

Milord Campbell, vous êtes un lâche!

CAMPBELL.

Lâche!... soit!... mais je vous aime, je vous veux... vous serez à moi!

MARGUERITE.

Prenez garde! mon mari est ici!

CAMPBELL.

Lord Glenarvon et Harry sont arrivés?

MARGUERITE.

Oui, et, si je les appelais, ils ne vous laisseraient pas sortir vivant d'ici.

CAMPBELL.

Et toi, Marguerite, tu as cru que je ne serais pas en garde contre un pareil obstacle? tu t'es trompée. (Il tire de son pourpoint deux pistolets.) Qu'ils viennent maintenant, tes puritains, je les enverrai prier au paradis! Tu n'oseras plus rien dire maintenant, milady, et nous allons être seuls.

(Il pose ses pistolets sur la table et va fermer la porte du fond.)

MARGUERITE.

Mon Dieu, mon Dieu! je suis perdue!—Ah! (Elle prend les pistolets et les tire en l'air.) J'oserai maintenant, milord!

HARRY, au dehors.

Ma mère!

CAMPBELL.

La voix de Harry! malédiction! Ah! lady Marguerite Glenarvon, vous me paierez cher vos dédains et votre audace.

(Il ramasse les pistolets et s'enfuit.)

SCÈNE VII.

MARGUERITE, seule.

O que j'ai peur maintenant!... je me sens défaillir... De l'air... de l'air!... Ah! mon Dieu!...

(Elle s'évanouit.)

SCÈNE VIII.

GEORGES, MARGUERITE; un peu après, GLENARVON et HARRY.

GEORGES.

Ma mère évanouie! Du secours! holà! du secours!...

HARRY.

Ma mère, ma pauvre mère!

GLENARVON.

Qu'y a-t-il?

MARGUERITE, revenant à elle.

Où suis-je?.. Georges! ah! mon enfant... (Elle l'embrasse; aux autres.) Et vous aussi, mes bien-aimés!...

HARRY.

Vous n'êtes pas blessée, ma mère?

MARGUERITE.

Non, mon enfant, non... vous n'étiez donc pas encore partis?

GLENARVON.

Non, milady.

HARRY.

Nous étions à faire seller nos chevaux, et, quand nous avons entendu ce bruit, nous sommes venus.

MARGUERITE.

Oui, vous avez tout quitté pour venir près de moi; c'est que vous m'aimez tous bien, n'est-ce pas? comme je vous aime.

HARRY.

O paroles douces et vraies! vous avez été mise sur la terre pour notre bonheur.

MARGUERITE.

Comme vous pour le mien, mes enfants.

GLENARVON.

Quelle est donc cette explosion?

MARGUERITE.

Je ne sais; un homme, un voleur de nuit sans doute... qui a tiré un coup de pistolet près de cette fenêtre... Milord, voulez-vous m'attendre quelques instants, le temps de me remettre de ma frayeur?

GLENARVON.

Vous attendre?

MARGUERITE.

Oui; je vous accompagne en Écosse.

GLENARVON.

Vraiment?

MARGUERITE.

C'est-à-dire, si vous voulez bien me le permettre et me pardonner ma folle désobéissance de tout-à-l'heure.

GLENARVON.

Que vos paroles me font de bien, milady!

MARGUERITE, à voix basse.

Es-tu content, Georges? (Georges lui baise la main; Harry s'approche de l'autre côté et fait de même.) Et toi, mon enfant?

HARRY.

Oui, ma mère.

MARGUERITE.

Nous serons heureux là-bas; nous vivrons en famille; nous aurons les promenades du matin dans les campagnes, et les promenades du soir sur les lacs, et les douces causeries du foyer... oh! tout cela vaut bien les plaisirs brillants, mais vides, de la cour; et puis la concorde sera dans la famille des Glenarvon.

(On entend frapper fortement à la porte de l'hôtel.)

GLENARVON.

Qui peut frapper à cette heure?

VOIX, au dehors.

Ouvrez au nom du roi!

TOUS.

Au nom du roi!

MARGUERITE.

C'est quelque trahison; il faut vous enfuir, mes amis!

HARRY.

Il faut nous défendre l'épée à la main!

MARGUERITE, par la fenêtre.

N'ouvrez pas!

GLENARVON, de même.

Ouvrez aux gens du roi!... et toi, Harry, ne tourmente pas ainsi la garde de ton épée; imite, enfant, la patience de ton frère Georges, qui attend, immobile, les ordres du roi et la volonté de Dieu.

SCÈNE IX.

Les Mêmes, un Officier, huit Soldats.

L'OFFICIER.

Ordre du roi.

(Il tend un papier à Glenarvon.)

GLENARVON, lisant.

« Ordre d'arrêter par-tout où on les trouvera, « lord Glenarvon et sir Harry Glenarvon, ac- « cusés du crime de haute trahison et de conspi- « ration envers l'état, dont ils auront à répon- « dre devant le tribunal extraordinaire, qui por- « tera son arrêt et le fera exécuter, s'il y a lieu, « dans les vingt-quatre heures... *Signé* Char- « les II d'Angleterre. » (Il tire son épée, la remet à l'officier, et donne le papier à Georges.) La volonté de Dieu soit faite!

HARRY, rendant aussi son épée.

Oui, que la volonté de Dieu soit faite!

L'OFFICIER

Allons!

HARRY, embrassant sa mère, qui pleure.

Adieu, ma mère! (Serrant la main de Georges, qui demeure immobile et les yeux fixes.) Adieu, Georges!

GLENARVON.

Je ne sais ce qui adviendra, mais je prie Dieu qu'il vous garde, mes enfants.

(Harry et lui partent.)

MARGUERITE, à part.

Voilà sa vengeance qui commence.

SCÈNE X.

MARGUERITE, GEORGES.

MARGUERITE.

Hélas! ce tribunal n'a jamais absous un accusé, n'est-ce pas?

GEORGES.

Jamais, ma mère!

MARGUERITE.

Et ceux que l'on y conduit sont toujours condamnés d'avance?

GEORGES.

Toujours, ma mère!

MARGUERITE.

Mon Dieu!... mon Dieu!... n'y a-t-il donc plus d'espoir?

SCÈNE XI.

Les Mêmes, BETTY.

BETTY.

Milady, voici votre voile et votre mantille que mis Glower vient d'achever... ils sont vraiment très bien, très bien.

MARGUERITE.

Remporte-les, Betty!... je n'en ai plus besoin à cette heure, remporte-les.

GEORGES.

Pardon, milady; il faut mettre ce voile et cette mantille.

MARGUERITE.

Georges...

GEORGES.

Je vous en prie au nom de mon père!

MARGUERITE, mettant le voile avec étonnement.

J'obéis!... mais...

GEORGES.

Bien!... essuyez vos larmes maintenant, et partons.

MARGUERITE.

Où allons-nous donc?

GEORGES.

Nous allons au bal chez le roi Charles II d'Angleterre!...

(Le rideau baisse.)

ACTE SECOND.

Westminster. — Une chambre écartée

SCÈNE I.

CAMPBELL, JENKINS.

CAMPBELL.

Le lieutenant de la Tour a-t-il envoyé ici une lettre pour moi?

JENKINS.

Oui, milord; la voici.

CAMPBELL, ouvrant la lettre.

« Selon vos ordres... un coup de canon s'ils sont absous... deux s'ils sont condamnés. » Ils le seront. — Bonsoir, Jenkins.

(Il sort.)

SCÈNE II.

JENKINS, seul.

Ah! je suis tranquille, tout va bien!... les salles sont pleines de belles femmes et de brillants cavaliers... Le roi doit être content, d'autant plus que miss Clary Campbell est là... et quand miss Clary est là... oh! je sais à quoi m'en tenir. Après ça, le lord son père est fier, dit-on, comme un honnête homme, et il veille toujours des deux yeux sur le roi et sur sa fille, quoique ce soit à l'amour de l'un, et à la beauté de l'autre, qu'il doit sa toute-puissance... Enfin honni soit qui mal y pense... ce n'est pas là mon affaire... mon affaire à moi, c'est de veiller à ce que personne ne pénètre dans cet appartement secret, dont le roi a besoin pour travailler au bonheur de ses sujets... et... de ses sujettes. Ah! si cet appartement pouvait parler!... (On frappe à petits coups à une porte à gauche.) Déja?... mais ce ne peut pas être le roi! (On frappe encore. Voix en dehors.) « Jenkins?... « Jenkins?... » Qui êtes-vous? et que voulez-vous?

LA VOIX.

Je veux te parler, Jenkins!

JENKINS, allant ouvrir.

C'est sir Georges!...

SCÈNE III.

GEORGES, JENKINS.

JENKINS.

Bonsoir, mon noble seigneur! Mais qui vous fait venir ici, à cette heure, par cette petite porte?...

GEORGES.

J'ai besoin de toi...

JENKINS.

Croyez-moi tout à vos ordres, votre honneur... après ceux du roi.

GEORGES.

Il s'agit de lord Glenarvon, mon père.

JENKINS.

Du bon vieux lord Glenarvon, qui m'a fait obtenir, sous son protectorat, la garde de cet appartement secret!

GEORGES.

De cet appartement qui servait aux méditations de Cromwell, et qui sert maintenant aux débauches de Charles II... Eh bien, Jenkins, puisque tu te souviens des services qui te furent rendus par ma famille, il faut nous prouver ta reconnaissance.

JENKINS.

J'attends!...

GEORGES.

J'en étais sûr, mon brave vieillard! Ma mère

est en bas, dans la première cour, t'attendant dans sa voiture; car elle compte sur toi comme j'y ai compté. Il faut que toi, qui connais tous les passages de Westminster, tu l'introduises dans la salle où est maintenant le roi, sans lui faire traverser les appartements qui la précèdent.

JENKINS.

Mais votre honneur...

GEORGES.

Oh! il le faut!... il le faut absolument, mon bon Jenkins, si tu veux sauver la vie de ton bienfaiteur.

JENKINS.

Que dites-vous?...

GEORGES.

Mon père et mon frère sont en ce moment, peut-être, devant le tribunal extraordinaire, à se défendre d'une infâme accusation de haute trahison et de conspiration contre le roi.

JENKINS.

Grand Dieu!... et qui donc a pu...?

GEORGES.

Ma mère paraît le savoir et ne veut pas le dire; moi, je l'ignore... mais il faut que ce soit quelqu'un de puissant, puisqu'il a réussi à nous interdire l'entrée de Westminster. Quand nous nous sommes présentés, les gardes ont croisé leurs piques, et l'officier nous a dit qu'il avait ordre de ne laisser entrer personne de la famille des Glenarvon; et ce n'était pas là, tu vois, une consigne générale... c'était une consigne qui ne regardait que nous, les Glenarvon, les accusés, dont on ne voulait pas laisser arriver la voix jusqu'aux oreilles de Charles II... Voilà, certes, un plan bien perfide et bien combiné, dont mon épée récompensera un jour l'auteur, si la hache du bourreau m'en laisse le temps... Eh bien! Jenkins, il faut que la fidélité d'un pauvre homme honnête renverse les infâmes projets d'un scélérat puissant; il faut que tu conduises ma mère auprès du roi... elle connaît le langage de la cour où elle s'est fait aimer; elle pourra peut-être sauver du glaive la tête blanche de mon père, et la blonde tête de mon frère... Veux-tu, Jenkins?

JENKINS.

Je ferai ce que vous voulez.

GEORGES.

Oh! merci!... merci, mon vieux, mon bon Jenkins, merci! Mais as-tu songé que, pour faire cela, tu quitterais un poste qui t'est confié par le roi?

JENKINS.

Oui, sir Georges; et j'ai pensé qu'il valait mieux obéir à la voix de ma conscience qu'aux ordres de mon souverain.

GEORGES.

As-tu songé que tu pouvais attirer sur toi le courroux d'un homme sans doute puissant?

JENKINS.

Oui, et j'ai pensé que Dieu protégeait ceux qui faisaient bien.

GEORGES.

As-tu songé que, pour sauver la vie de ton bienfaiteur, tu t'exposais à mourir?

JENKINS.

Oui, et j'ai pensé que la mort d'un homme reconnaissant valait mieux que la vie d'un ingrat.

GEORGES.

Oh! embrasse-moi! embrasse-moi! va!... je ne m'étais pas trompé sur toi; je savais bien que dans cette vieille poitrine battait un noble cœur... Oui, quand la vertu semble exilée de la terre, on la retrouve toujours dans le cœur d'un homme du peuple!... Allons, quittons-nous! va... va! et bonne chance!

JENKINS, sortant.

Comptez sur moi, sir Georges.

SCÈNE IV.

GEORGES, seul.

Celui-là sera aussi infatigable à nous servir que notre ennemi l'est à nous persécuter... mais cet ennemi, quel est-il? je ne sais... mais il y a dans tout ceci une coïncidence étrange qui me fait rêver... Cette terreur de ma mère... cette explosion... l'arrestation de mon père... tout cela dans une heure!... il y a là-dessous un complot ou une malédiction... Oh! qui me dira ce qui est, ou ce que je dois croire?... Si je pouvais questionner Betty... Mais on vient. — Le roi!... Il ne faut pas que le roi me voie ici!... Ah !... là...

(Il se cache derrière la tapisserie de gauche.)

SCÈNE V.

CLARY; GEORGES, caché; CHARLES.

CLARY.

Mais où me conduisez-vous, sire?

CHARLES, souriant.

Ne craignez rien, chère miss; nous sommes toujours à Westminster, et Westminster est lieu d'asile.

GEORGES, à part, montrant sa tête.

Le roi avec miss Clary!...

CLARY.

Sans doute, sire, je n'ai pas peur; mais cet endroit est bien écarté.

CHARLES.

On y est mieux pour se dire des choses qui ont besoin, pour être dites, de silence et de solitude.

CLARY.

Je ne sais, sire, quelles sont ces choses; mais il n'en est point qu'une fille puisse plus convenablement écouter qu'à côté de son père.

(Elle veut s'en aller.)

CHARLES.

Comment, miss, vous voulez me quitter! ah! ce n'est pas être de la famille des Campbell que d'abandonner son roi en péril de mort.

CLARY.

Comment, sire?

CHARLES.

Eh! oui, chère miss, c'est votre présence qui me fait vivre; vos yeux, c'est le soleil qui m'éclaire... votre haleine, c'est l'air que je respire... si vous me quittez, je mourrai.

CLARY.

Je remercie votre majesté de sa galanterie; mais j'espère que son mal est moins grave qu'elle ne veut bien le dire, et je la prierai de me laisser...

(Elle veut encore sortir.)

CHARLES.

Non pas... non pas!... s'il vous plaît, belle Clary!... il ne sera pas dit que je me sois donné tant de peine à vous amener ici pour que vous m'échappiez aussitôt après votre arrivée. Je suis heureux auprès de vous, je n'y trouve et je voudrais y rester un peu... pourquoi me fuir? Les rois ont-ils donc sur leur front une croix de feu qui fait peur aux belles femmes? je ne le crois pas... des palais pleins de plaisirs et de fêtes la nuit; des parcs pleins d'ombre et de fraîcheur le jour; des richesses à paver d'or les chemins que suit leur bien-aimée; des diamants à la rendre brillante comme un ange: voilà ce que possède toujours un roi; un cœur plein d'amour et de désirs, voilà ce qu'il possède en outre quand il s'appelle Charles II, et que la femme qu'il aime s'appelle Clary Campbell.

CLARY.

Sire, vous abusez de la fausse situation où je me trouve vis-à-vis de vous pour me parler...

CHARLES.

Allons, allons, ma belle enfant! laissez là votre courroux!... la colère sied mal aux jolies femmes... et d'ailleurs pourquoi vous fâcher? Y a-t-il ici un roi qui cherche à abuser de son pouvoir? Non, chère miss; il n'y a ici qu'un homme dont le cœur est plein d'amour et de passion; un homme pour lequel tous vos désirs sont des lois; qui ne vous désobéira que dans une circonstance, quand vous lui ordonnerez de vous quitter; qui ne vous défendra qu'une chose, de faire venir les larmes dans ces beaux yeux; car une larme de vous, c'est un malheur pour moi; car je vous aime et je voudrais vous voir heureuse... laissez-vous donc aimer, laissez-vous rendre heureuse!

CLARY.

Sire, il y a des femmes à la cour à qui vous avez sans doute le droit de parler ainsi; mais vous vous êtes étrangement mépris en me jugeant comme elles... je suis riche et n'ai pas besoin de vos richesses; je serais pauvre que je n'en aurais pas envie; et, pour vous ôter tout espoir, apprenez, sire, que j'aime ailleurs.

GEORGES, à part, entr'ouvrant la tapisserie.

Qu'entends-je?

CHARLES.

Oh! non, c'est une défaite pour m'empêcher de vous aimer, de vous le dire... non, non, vous me trompez!

CLARY.

Vous ne me croyez pas, sire?

CHARLES.

Dites-moi quel est cet homme que vous aimez, et je vous croirai.

CLARY.

Et vous cesserez près de moi des démarches qui peuvent me compromettre auprès de lui et de mon père, et de toute la cour?

CHARLES.

Je vous le promets.

CLARY.

C'est un jeune homme avec lequel j'ai été élevée en Écosse, pendant que nos pères à tous deux étaient à combattre loin de nous, l'un pour Cromwell, l'autre pour le roi Charles II.

CHARLES.

Son nom?

CLARY.

Son nom... c'est le jeune sir Glenarvon.

GEORGES, à part.

Moi!... moi!... c'est moi qu'elle aime! ô bonheur!

CHARLES.

Sir Glenarvon!

GEORGES, à part.

Georges, pense à ton père, qui va mourir!

CHARLES, cherchant dans sa tête.

Aimer un Glenarvon... un puritain!... mais vous oublierez cette folie de jeunesse, et, au lieu de se donner aux ennemis de votre famille, votre cœur reviendra à celui qui fut toujours votre ami, et qu'un mot peut faire votre esclave.

VOIX au dehors.

Ma fille!... où est ma fille?

CLARY.

Mon père! Sire, vous me perdez!

CHARLES.

Non, non; cachez-vous là au fond, derrière cette tapisserie.

(Il l'entraine.)

CLARY.

Me cacher, sire, serait m'avouer coupable; je ne veux pas me cacher.

CHARLES.

Si... si... cachez-vous là... Il y a quelqu'un là?

GEORGES.

Oui, sire.

CLARY, à part.

Grand Dieu!... c'est Georges!...

CHARLES.

Vous nous avez entendus?

GEORGES.

Oui, sire.

CHARLES.

Vous avez tout entendu?

GEORGES.

Tout.

CHARLES.

Monsieur, vous connaissez le secret de miss Campbell et le mien; vous me promettez de vous taire?

GEORGES.

Et vous, sire, que me promettez-vous?

CHARLES.

Qui êtes-vous?

GEORGES.

Un honorable gentilhomme.

CHARLES.

Si cela est, je jure de vous accorder ce que vous me demanderez.

GEORGES.

Par quoi votre majesté me jure-t-elle cela?

CHARLES.

Par la tête de mon père Charles Ier, qui est mort sur l'échafaud.

GEORGES.

Je me tairai.

SCÈNE VI.

LES MÊMES, CAMPBELL.

CAMPBELL.

Le roi!... Ma fille était seule ici avec votre majesté?

CHARLES.

Non, milord; l'aimable miss est venue ici accompagnée du roi et de ce jeune homme qui est, ainsi qu'il le dit lui-même, un honorable gentleman.

CAMPBELL, à part.

Georges revenu d'Écosse!... (Haut.) Je demande pardon à votre majesté; mais elle sait que l'honneur de ma fille m'est plus cher que tout au monde.

CHARLES.

Que votre seigneurie soit tranquille, nous respectons l'honneur de nos amis comme le nôtre même.

SCÈNE VII.

LES MÊMES, MARGUERITE, JENKINS, LES GENS DE LA COUR.

MARGUERITE, accourant.

Le roi! je veux parler au roi... (On cherche à l'arrêter.) Arrière!... laissez-moi!

CAMPBELL, à part.

Elle ici! l'on m'a trahi!

CHARLES.

Qu'on laisse passer milady! je ne sache pas

avoir jamais refusé accès à une dame... Voyons, milady, que puis-je faire pour vous, et qu'avez-vous à me dire ?

MARGUERITE.

Sire, je viens vous demander la vie de mon époux et de mon fils, que l'on vient de livrer au tribunal extraordinaire sur un ordre de votre majesté.

CHARLES.

Sur un ordre de moi? vous vous trompez, milady; je n'ai écrit sur aucune liste de proscription le nom des Glenarvon, et ce n'est pas...

(Espoir de Marguerite.)

CAMPBELL, bas au roi et vite.

Sire !...

CHARLES, de même.

C'est toi ?... Arrêter un pair d'Angleterre sans la permission du roi, c'est cas de mort, sais-tu ?

CAMPBELL, de même.

Sire...

CHARLES, de même.

C'est bon !... Songe que ta vie est entre mes mains. (A part.) J'aurai Clary ! (Haut.) Ce n'est pas moi, le roi, qui signe les mandats d'arrêt, mais c'est au nom du roi que la loi s'exécute. (Étonnement de Marguerite.) Accusés devant la loi, que votre époux et votre fils se défendent devant la loi.

MARGUERITE, désespérée.

Sire, vous méprisez ma prière... vous voulez les laisser mourir !

CHARLES.

Non, milady; je veux laisser la loi s'exécuter.

MARGUERITE.

Grace ! grace pour eux, sire! la clémence est la vertu des rois.

CHARLES.

La clémence après la justice !

GEORGES, s'avançant.

Et la justice après la bonne foi, sire !... Vous m'avez juré de m'accorder ce que je vous demanderais... eh bien, je vous demande la vie de mon père et de mon frère.

CHARLES.

Quoi! vous êtes?...

GEORGES.

Sir Georges Glenarvon.

CHARLES, à part.

Celui qu'elle aime! que n'est-il avec les autres !

CAMPBELL, à part.

Ils m'échappent ! (Bas au roi.) Sire, je veux la mort de ces hommes.

(Même jeu que précédemment.)

CHARLES, de même.

Et moi j'ai promis leur vie !

CAMPBELL, de même.

Sire, ce sont mes ennemis mortels.

CHARLES, de même.

Tu auras leur tête, et moi...

(Il sourit en regardant Clary.)

CAMPBELL, à part.

Insensé!... si j'avais perdu ma fille !

GEORGES.

Eh bien! sire, faut-il donc tant de temps à un roi pour dire qu'il tiendra sa parole?

CHARLES.

Non, monsieur; mais il lui en faut autant pour dire qu'il ne la tiendra pas.

MARGUERITE et GEORGES.

Grand Dieu !

CHARLES.

Je ne puis accorder la grace de ces hommes.

GEORGES.

Sire! vous avez juré...

CHARLES.

N'importe.

GEORGES.

Sire! vous avez juré par la tête de votre père !

CHARLES.

Je ne puis...

GEORGES.

Sire! vous avez juré par la tête de votre père, qui a été coupée sur l'échafaud !

TOUS.

Oh !

GEORGES.

Vous voyez! votre cour, votre cour elle-même, à vous Charles II, a honte et horreur de votre parjure !... Vous ne répondez pas, sire! Mais savez-vous qu'il y a là de quoi ternir le règne du plus grand des rois de la terre? savez-vous qu'il y a là de quoi faire exécrer et mépriser encore votre règne, que tant d'hommes exécrent et méprisent déja?

TOUS.

Oh !

GEORGES.

Car ce n'est pas seulement nous qui avons à souffrir de cette étrange domination que vous nous imposez; je me tairais si je n'avais à me plaindre que pour moi, si je n'avais pas à me plaindre pour l'Angleterre; car mon père n'est que mon père, et l'Angleterre c'est mon pays! Or l'Angleterre est maintenant un pays de désolation, où la mort se promène en grande joie, fauchant au nom du roi; où les soldats sont en oubli et les bourreaux en honneur; où les épées se rouillent et où les haches s'aiguisent, où les maisons se dépeuplent pour peupler les tombeaux; où le roi par la grace de Dieu fait si bien le bonheur de sa nation qu'en voyant un gibet debout ou une tête en bas, l'on se dit: Charles II a passé par-là !

CHARLES.

Insolent !... Hola, mes gardes !

GEORGES.

Il est vrai, certes, que ces choses ont leur compensation. Tandis que la Cité gémit et pleure, la cour danse et rit; l'un balance l'autre... Le sang coule à grands flots là-bas... mais le vin déborde ici... le peuple meurt de faim dans les rues... qu'importe? les courtisans ont bien diné... le bourreau a coupé deux têtes hier; oui, mais le roi a dansé deux menuets aujourd'hui.

CHARLES.

O rage !

CAMPBELL.

Mais qu'on arrête donc cet homme !

GEORGES.

Oh! je sais bien que pour ces paroles-là vous me tuerez : faites! faites! mais je veux avant cela vous dire ma pensée tout entière. Sire! un jour l'Angleterre, trouvant son roi trop lourd, voulut lui rendre peine pour peine', et mort pour mort; elle lui bâtit un échafaud, le fit monter dessus, et le tua d'un coup de hache. Ce roi s'appelait Charles Ier : c'était votre père... Charles II! prenez garde que l'Angleterre ne vienne un jour à vous trouver trop lourd; car ce jour-là elle aurait encore assez de bois pour un second échafaud, assez de fer pour une seconde hache. Maintenant que Dieu me soit en aide! j'ai fait mon devoir.

CHARLES.

Gardes! à la Tour de Londres !

MARGUERITE.

Georges !

GEORGES.

Ma mère, priez pour nous !

(Il est emmené.)

CHARLES.

Allons, milords et mesdames, que les folies d'une Tête-ronde ne troublent pas davantage la fête des joyeux Cavaliers... Au bal!... au bal!... Miss Campbell, daignerez-vous accepter ma main ?

CLARY.

Sire... (A part.) Moi, au bal! lui, à la Tour!...

(Elle donne la main au roi. Toute la cour sort.)

CAMPBELL.

O ma fille! ma fille !

(Il reste dans le fond à méditer.)

SCÈNE VIII.

MARGUERITE, CAMPBELL.

MARGUERITE.

O mon Dieu! Georges me restait seul, et voilà qu'il vient de se condamner lui-même ! O malheureuse que je suis! malheureuse femme! malheureuse mère !

CAMPBELL, s'avançant. A part.

Ce soir, ou jamais! (Haut.) Eh bien, milady ?

MARGUERITE, avec un mouvement nerveux.

Vous, près de moi, milord ! Venez-vous encore vous réjouir des larmes que vous me faites verser ?

CAMPBELL.

Non ; je viens vous demander si j'ai la puissance de me venger de ceux qui m'ont offensé ?

MARGUERITE.

Vous avez bien eu celle de vous venger horriblement d'une pauvre femme qui ne vous avait rien fait.

CAMPBELL.

Qui ne m'avait rien fait ! Vous oubliez donc bien vite, milady, tout ce qui s'est passé ?... Mais rappelez-vous donc que ma famille est l'ennemie mortelle de la vôtre... que les aïeux des Glenarvon ont tué les aïeux des Campbell ; rappelez-vous que, pour vous aimer, j'ai oublié toutes ces haines, que j'ai mis à vos pieds cette puissance dont je pouvais me servir pour écraser les vôtres... rappelez-vous avec quel dédain vous avez rejeté l'aveu de mon amour, avec quel mépris, avec quelle colère vous en avez repoussé les offres, et vous ne direz plus que vous ne m'aviez rien fait, milady! Mais tout cela n'a pu calmer cette passion qui me dévore; je vous aime, je vous aime encore, Marguerite, et, si vous vouliez, je pourrais tout oublier.

MARGUERITE.

Oui, vous... mais moi, puis-je oublier qu'ils vont mourir ?

CAMPBELL.

Le mal que j'ai eu la puissance de faire, j'ai aussi la puissance de le guérir; et, si j'ai pu me venger, je puis aussi pardonner.

MARGUERITE.

Pardonner!... Vous pourriez leur pardonner ?

CAMPBELL.

Voulez-vous leur grace ?

MARGUERITE.

Si je la veux!... Oh! leur grace!... leur grace!... Eh bien! non!... non!... vous me la feriez payer trop cher !

CAMPBELL.

Vous trouvez leur grace trop chère, vous ne savez pas ce que peut me coûter leur condamnation, vous !

MARGUERITE.

Quoi donc ?

CAMPBELL.

L'honneur de ma fille, peut-être !

MARGUERITE.

Oh! tu es bien à plaindre, Campbell.

CAMPBELL.

Garde ta pitié pour toi, Marguerite, et pour les tiens, qui vont mourir !

MARGUERITE.

Qui sait?... ils ne seront peut-être pas condamnés !

CAMPBELL.

Insensée !... tu crois cela ?... Tiens, il est
minuit, et à minuit on doit prononcer l'arrêt...
J'ai ordonné au lieutenant de la Tour de m'a-
vertir par un coup de canon s'ils sont absous,
par deux s'ils sont condamnés.

MARGUERITE.

Grand Dieu ! protége-nous.

CAMPBELL.

Minuit vient de sonner... Écoute !

(Ils écoutent.)

MARGUERITE, joyeuse.

Je n'entends rien ! l'arrêt n'a pas été pro-
noncé.

(Un coup de canon.)

CAMPBELL.

Un !

MARGUERITE.

Un seul, Campbell !

(Un second coup.)

CAMPBELL.

Deux, Marguerite !

MARGUERITE.

O mon Dieu ! (Elle sanglote.) Leur grace,
Milord !

CAMPBELL, s'en allant.

Adieu, milady !

MARGUERITE.

Leur grace !

CAMPBELL.

Le sceau royal est chez moi.

MARGUERITE.

Je ne vous quitte pas !

CAMPBELL.

Venez ! venez ! (A part.) Ah ! mais ma vengeance n'est pas finie.

MARGUERITE.

Leur grace ! nous perdons du temps, leur
grace !

CAMPBELL, l'entraînant.

Mais venez donc ! venez donc !

(Le rideau baisse.)

ACTE TROISIÈME.

La Tour de Londres. — Une prison, porte au fond, porte à droite; une lampe. — Cinq heures du matin.

SCÈNE I.

HARRY, GEORGES.

GEORGES, lisant la Bible.

« Et la voix de Rama se faisait entendre
« dans le désert, gémissant avec de grandes
« plaintes. »

HARRY, doucement.

Georges ?...

GEORGES, continuant.

« C'était la voix de Rachel, qui pleurait ses
« enfants, et elle ne voulait pas être consolée,
« parcequ'ils ne sont plus. »

HARRY, plus haut.

Georges ?...

GEORGES.

Qui m'appelle ?

HARRY.

Moi, ton frère.

GEORGES.

Harry, je fortifiais mon cœur par la lecture
du livre... Pourquoi m'as-tu appelé ?... est-ce
que tu as besoin de consolations ?...

HARRY.

Oui, frère.

GEORGES.

Est-ce que tu as sué le sang et l'eau, comme
Christ sur la montagne, à la vue de ton sup-
plice ?... Est-ce que tu veux comme lui prier
Dieu de détourner ce calice de devant ta face?

HARRY.

Mon ame est triste jusqu'à la mort.

GEORGES.

Que ton cœur se fortifie et s'exalte dans le
Seigneur... Ce sont les vils instincts de la terre
qui cherchent à y retenir ton ame...

HARRY.

Non, tu me comprends mal... ce n'est pas
sur moi que je pleure, c'est sur les miens, qui
me survivront; ce n'est pas ma mort qui m'af-
flige, c'est leur vie... Partir !... partir avec mon
père, et te laisser ici, mon frère !

GEORGES.

Nous partirons ensemble.

HARRY.

Tu n'es pas condamné...

GEORGES.

Espérons que je le serai.

HARRY.

Et notre mère ?

GEORGES, ému.

Elle nous rejoindra au ciel.

HARRY.

Oui, mais jusque-là...

GEORGES.

Ma pauvre mère ! (Ils pleurent ensemble.) Allons, Harry, soyons hommes et soyons chré-
tiens !

HARRY.

Mais ce n'est pas encore là tout ce que je

pleure de quitter. Il y a encore sur la terre un autre cœur dont les battements répondent aux battements de mon cœur.... Cela t'étonne, Georges?

GEORGES.

Non; quel homme n'a pas dans l'ame une affection secrète dont lui seul connait l'objet? Et moi aussi, Harry, je laisserai ici-bas, si je meurs, un être que rien ne pourra consoler de ma perte, et qui n'aura pas, comme nous autres hommes, la force de porter sa douleur.

HARRY.

C'est donc une femme?

GEORGES.

Oui, une femme que j'ai aimée de l'amour le plus ardent et le plus pur, que j'ai aimée en silence et sans espoir, jusqu'au jour d'hier où j'ai su qu'elle m'aimait aussi.... Étrange caprice du sort qui me fait connaitre sur le bord de la tombe ce qui devait faire le bonheur de ma vie!

HARRY.

Georges, nous n'aurions jamais dû avoir de secrets l'un pour l'autre; pourquoi ne m'avais-tu pas confié le tien?

GEORGES.

A quoi bon te parler d'un desir sans espoir, d'un malheur sans issue? Mes joies, je les partage avec vous; mes douleurs, je les garde pour moi seul... Mais toi-même, Harry, pourquoi m'avoir caché si long-temps un secret que les approches seules de la mort te forcent à me révéler?

HARRY.

Je n'osais... Crois-tu que les fils doivent épouser les haines paternelles, et les conserver fidélement pour les transmettre à leur postérité?

GEORGES.

Certes! tout bon Écossais doit le croire.

HARRY.

Tu vois qu'il t'aurait paru bien coupable, celui qui serait venu te dire qu'il avait placé ses affections dans une famille ennemie de la sienne.

GEORGES.

Oui, bien coupable; mais, au lieu de le blâmer, je me serais humilié avec lui, car j'aurais partagé sa faute; — la femme que j'aime est d'une famille contre laquelle les Glenarvon professent une haine mortelle.

HARRY.

Moins mortelle assurément que contre la famille dont est celle que j'aime; la famille des Campbell.

GEORGES.

Des Campbell!

HARRY.

Tu vois bien, Georges!

GEORGES.

Et quel est le nom de cette femme?

HARRY.

Oh! ne me maudis pas!

GEORGES.

Mais le nom... le nom de cette femme?

HARRY.

C'est... c'est Clary Campbell.

GEORGES.

Malheureux!... c'est elle aussi que j'aime!

HARRY.

Elle!... Pardonne-moi!... pardonne-moi, mon frère!

GEORGES.

Au lieu de te pardonner, je dois te plaindre, pauvre enfant! car tu n'emporteras pas, comme moi, en mourant, l'assurance d'être aimé d'elle.

HARRY.

Toi, aimé d'elle!... que veux-tu dire?

GEORGES.

Hier, ne l'ai-je pas entendue qui disait: Celui que j'aime... c'est le jeune sir Glenarvon?

HARRY.

Pauvre Georges! ce n'était pas toi, c'était moi qu'elle voulait dire.

GEORGES.

Toi? impossible!

HARRY.

Impossible? mais depuis plusieurs mois...

GEORGES.

Eh bien?

HARRY.

Elle est à moi.

GEORGES, se levant.

Harry, tu me trompes!...

HARRY, de même.

Tu doutes de ma parole, frère?

GEORGES.

Oui, Harry.

HARRY.

Georges! Georges!

GEORGES, calme.

O mon Dieu! est-ce là le langage de deux frères qui vont mourir? Je t'ai offensé, pardonne-moi, et viens là.

(Il l'attire sur son cœur.)

HARRY.

C'est moi qui ai été seul coupable de ceci en te parlant d'elle... mais il fallait bien que je t'en parlasse; je vais mourir et laisser isolée la pauvre Clary qui sera mère dans quelques mois.

GEORGES.

Mère!

HARRY.

Oui; l'inimitié de nos deux familles nous empêchait de nous unir, et nous ne pouvions vivre sans être unis; nous fûmes l'un à l'autre, et demain Clary sera veuve sans avoir été femme; et dans quelques mois mon enfant sera orphelin sans avoir seulement à porter le nom de son père.

GEORGES.

? Si tu as commis une faute, Dieu t'en a bien
puni... sa main s'appesantit sur toi !

HARRY.

Et tout-à-l'heure je voulais te prier, toi qui
as encore la chance de ne pas mourir, d'avoir
pitié d'eux et de moi ; de veiller sur eux quand
je ne serai plus ; de servir, en un mot, de pro-
tecteur à Clary et de père à mon enfant ; car jamais lord Campbell ne pardonnera à l'une sa
faute et à l'autre sa naissance... Mais à présent
je ne veux plus te demander un service qui te
briserait le cœur à chaque instant de ta vie ; je
ne te demande plus qu'une bénédiction avant
ma mort, et quelques larmes après.

GEORGES.

Et Clary ?... et ton enfant ?

HARRY.

Dieu a pitié du coupable qui se repent et de
l'orphelin qui pleure.

GEORGES.

Eh bien ! prie-le qu'il me fasse vivre, comme
je le priais tout-à-l'heure qu'il me fît mourir...
car, si je vis, tu pourras mourir tranquille ; j'aurai soin d'eux.

HARRY, l'embrassant.

Ah, merci ! merci ! mon noble et généreux
frère ! merci !... que je t'aime !...

ꝏꝏꝏꝏꝏꝏꝏꝏꝏꝏꝏꝏꝏꝏꝏꝏꝏꝏꝏꝏꝏꝏꝏꝏꝏꝏꝏꝏꝏꝏꝏꝏꝏꝏꝏ

SCÈNE II.

Les Mêmes, CLARY, voilée ; un Guichetier, un
flambeau à la main.

LE GUICHETIER, bas.

Miss, quelque considération que j'aie pour
vous et pour votre noble père, je ne puis vous
laisser ici plus d'un quart d'heure.

CLARY, bas.

Oui, merci !

GEORGES, à Harry.

C'est notre mère ?

HARRY.

Non, c'est Clary.

CLARY, accourant.

Harry ! Harry !...

(Elle se jette à son cou.)

HARRY, l'embrassant.

Ma bonne Clary !

GEORGES.

Clary ! dans ce costume !

CLARY.

Moi-même ! n'écoutant ni la haine héréditaire qui divise nos deux familles, ni la crainte
d'un scandale, je suis venue ici seule au milieu
de la nuit, pour vous voir. Les guichetiers, qui
me connaissent pour m'avoir vue souvent visiter
la Tour avec mon père, m'ont laissée pénétrer
jusqu'à vous.

HARRY.

Bonne Clary !

GEORGES.

Oh ! oui, bien bonne ! mais dites - moi,
chère miss, ce voile et ce manteau sont-ils les
vôtres ?

CLARY.

Sans doute.

GEORGES.

Ah ! c'est qu'il me semblait les avoir vu porter
à une autre femme.

CLARY, s'approchant de la lampe.

Vous avez raison, voilà un chiffre étranger.
Ces vêtements ne sont pas les miens ; mais
qu'importe ?

GEORGES.

Pardon ! mais... il m'importe de savoir à qui
ils appartiennent : vous le rappelez-vous ?

CLARY.

Non ; mais j'ai bien des choses à vous dire.

GEORGES.

Celle-là est plus importante pour moi que
toutes les autres... Cherchez dans votre mé-
moire... ne pourriez-vous... ? (A part.) Ces vêtements étaient encore hier au soir sur les épaules
de ma mère.

CLARY.

C'est en vain que... Ah ! pourtant, attendez...
je crois me souvenir... Oui, ce voile et ce manteau appartiennent à une femme qui vint cette
nuit à la maison.

GEORGES.

Ah !... cette nuit, il est allé chez vous une
femme ainsi vêtue ! comment cela se fit-il ?

CLARY.

Mais, Georges...

GEORGES.

Clary, peu importe à votre père qu'un pauvre prisonnier sache ce qui s'est passé cette nuit
dans sa maison ; et, voyez-vous ? cette question
que je vous fais importe plus au pauvre prisonnier qu'une question de vie et de mort !... Répondez-moi, comment cela se fit-il ?

CLARY.

Je ne puis ainsi...

GEORGES.

Vous échangerez peut-être un aussi mince
secret contre le grave secret que je vais vous révéler... Ce qui me fait vous demander cela, c'est
le désir de savoir si je dois emporter en mourant la certitude d'une horrible trahison ; car
cette femme sur qui je vous interroge, Clary...
c'est la femme que j'aime.

CLARY.

Ciel !

HARRY, bas.

Georges !...

GEORGES, de même.

Silence ! (Haut.) Et maintenant que vous avez
commencé, miss Campbell, achevez... Comment
vint-elle ?

CLARY.

Oh ! je vous plains bien, Georges ; car vous
avez été trahi.

GEORGES.

Dites!... dites!...

CLARY.

Rentrée à l'hôtel Campbell quelques instants
après votre arrestation, et laissée seule par mon
père, qui s'en était retourné, je résolus de venir
en secret vous visiter dans votre prison... Je me
dirigeais vers la chambre d'entrée où j'avais
laissé mon voile et ma mantille, quand la porte
s'ouvrit... C'était mon père qui rentrait avec
une femme couverte de ce voile et de ce manteau que voici... J'éteignis ma bougie pour
n'être pas vue, et ils passèrent sans m'avoir
aperçue, mais sans que je pusse reconnaître
l'étrangère... Arrivée au milieu de la chambre,
elle se laissa tomber tout-à-coup dans un fauteuil d'où elle se leva brusquement, abandon-
nant contre les miens son voile et sa mantille,
puis ils disparurent tous deux.

GEORGES, avec angoisse.

(A part.) O ma mère! ma mère!

(Il arrache le chiffre qui est au bas de la mantille.)

CLARY.

Georges!

GEORGES, à part.

Harry ne doit pas voir cela.

CLARY.

Que faites-vous?

GEORGES.

Rien... rien... continuez.

CLARY.

Émue, tremblante, je pris en tâtonnant les
premiers vêtements qui me tombèrent sous la
main, et je partis pour la prison, résolue de
tout faire pour vous sauver... mais, hélas! j'ai
tout employé en vain : prières, menaces, tout a
échoué contre la crainte des guichetiers qui ne
veulent pas, disent-ils, jouer leur tête contre de
l'or. Tout ce que j'ai pu obtenir, ç'a été de
parvenir jusqu'ici.

HARRY.

Et nous sommes trop heureux encore de vous
voir dans un tel moment, Clary, dans un moment où l'on ne peut pas douter de l'affection
de ceux qui viennent à nous.

CLARY, vivement.

Pouvais-tu...? (Revenant à elle.) Pouviez-vous
tous deux douter de mon amitié? moi qui con-
stamment enfreins les ordres de mon père pour
vous voir quelquefois et vous chérir toujours.

GEORGES.

Oh! merci, Clary! merci de cette bonne amitié... J'avais besoin de cela.

CLARY, à part.

Pauvre Georges!

HARRY, de même.

Pauvre frère!

CLARY.

Mais écoutez-moi donc, mon Dieu! quand
je vous dis que je viens vous sauver... Que l'un
de vous prenne ce manteau et ce voile, et qu'à
la faveur de la nuit il s'échappe... Georges!...

(Elle dit ce nom avec le presque désir d'un refus.)

GEORGES, souriant tristement.

Non, pas moi; pour qui et pourquoi vivrais-
je? non, pas moi, mais lui, lui qui n'a là (au
cœur.) ni amour malheureux, ni secret horrible
qui le dévore.

CLARY, joyeuse.

Toi donc, Harry!

HARRY.

Pouvez-vous sauver Georges?

CLARY, tristement.

Non!...

HARRY.

Pouvez-vous sauver mon père qui dort là, à
côté de nous, de l'avant-dernier sommeil des
justes?

CLARY, de même.

Non!...

HARRY.

Eh bien! Clary, répondez-moi, le fils peut-
il se sauver sans son père, et le frère sans son
frère?

CLARY, désespérée.

Mais, Harry, tu sais bien qu'il faut que tu
vives.

HARRY.

Je ne le puis...

CLARY.

Mais moi, que deviendrai-je? malheureuse
que je suis!... Harry! Harry!... ne te laisse
pas mourir!...

(Elle se jette à son cou.)

GEORGES.

Harry! je t'en prie.

HARRY.

Non! non!...

GEORGES.

Au nom de notre père je te l'ordonne!

HARRY, hésitant.

Georges, tu n'en as pas le droit.

CLARY.

Par ton père! par ta mère! je t'en supplie,
Harry, ne m'abandonne pas (tout bas.) avec
mon enfant... sauve-toi! sauve-toi! pour moi
et pour lui, sauve-toi!

HARRY.

Notre enfant! eh bien! que mon père me le
pardonne! (Se levant.) Allons!...

CLARY, se dépouillant du voile.

Ah! mon Dieu, que je te remercie! (Elle va
pour le lui mettre.) (Bruit de verrous.) Ah!...

LE GUICHETIER.

Ma noble miss, il faut que vous sortiez.

HARRY, se rasseyant. Bas.

Dieu ne le voulait pas!

CLARY.

Encore un instant!

LE GUICHETIER.

Impossible!

CLARY.

Plus d'espoir!... Ah! mon Dieu! mon Dieu!...
eorges!... Harry! (Elle embrasse Harry.) Je ne
ous reverrai plus!

GEORGES.

Si fait! là-haut!

CLARY, sanglotant.

Ah! ah!...

GEORGES, regardant à droite.

Mon père! Emmenez-la!... Ce voile... je veux
e voile... Maintenant allez!... allez!...

(Le guichetier sort. Georges cache le voile dans son pourpoint.)

SCÈNE III.

GEORGES, HARRY.

HARRY.

O que la présence de cette femme m'a fait
ouffrir, moi qu'elle aime!

GEORGES.

Et moi qu'elle n'aime pas, donc! Mais nous
ne souffrirons pas long-temps.

HARRY.

C'est étrange! on devait nous lire notre ar-
êt à cinq heures; il est déjà cinq heures et de-
nie, et le lieutenant ne vient pas.

GEORGES, à part.

Cinq heures et demie! et ma mère n'est pas
encore venue!

SCÈNE IV.

LES MÊMES, GLENARVON.

GLENARVON.

Dieu soit avec vous, mes fils!

GEORGES.

Milord mon père a-t-il bien sommeillé?

GLENARVON.

Bien, Georges! et vous, qu'avez-vous fait?

GEORGES.

Nous avons prié...

GLENARVON.

Il n'est venu personne nous voir?

HARRY, bas à Georges.

N'empoisonnons pas ses derniers instants en
lui avouant que nous avons méprisé nos haines
de famille.

GEORGES, de même.

Dieu a dit: Tu ne mentiras pas. (Haut.) Il est
venu la jeune miss Campbell nous proposer de
nous sauver.

HARRY, vivement.

Et nous avons refusé, mon père.

GLENARVON, joyeux.

A la bonne heure, mes enfants! Quand un
Campbell offrirait le ciel à un Glenarvon, celui-
ci devrait refuser.

GLENARVON

SCÈNE V.

LES MÊMES, LE LIEUTENANT, DEUX SOLDATS.

LE LIEUTENANT.

Milord et messieurs, je viens vous lire l'arrêt
du tribunal.

GLENARVON.

Nous écoutons.

LE LIEUTENANT, lisant.

« Le tribunal extraordinaire, créé par sa ma-
« jesté Charles II, pour juger sans appel et en
« dernier ressort des crimes politiques, après
« avoir écouté l'accusation portée contre milord
« Glenarvon, sir Georges et sir Harry Glenar-
« von, et ouï la défense présentée par eux,
« condamne milord Glenarvon et sir Harry
« Glenarvon à la peine de mort pour crime de
« haute trahison et de conspiration contre l'état;
« condamne à la même peine sir Georges Gle-
« narvon pour crime de lèse-majesté, et ordon-
« ne que l'arrêt sera exécuté à six heures du
« matin... Que Dieu soit en aide à la vieille
« Angleterre! »

LES TROIS GLENARVON.

Que Dieu soit en aide à la vieille Angleterre!

GLENARVON.

Comment devons-nous mourir?

LE LIEUTENANT.

Fusillés.

GLENARVON.

Vous remercierez pour nous le tribunal de
nous avoir accordé la mort des soldats.

(Le lieutenant sort.)

SCÈNE VI.

GEORGES, GLENARVON, HARRY et MARGUERITE.

GLENARVON.

Ils nous ont fait une autre grace, mes enfants, celle de nous faire mourir comme nous
avons vécu, ensemble; mais nous n'avons plus
qu'un quart d'heure; agenouillez-vous, mes fils,
afin que je puisse vous bénir... (Ils s'agenouillent.)
Il ne manque là qu'une seule tête.

MARGUERITE, qui est entrée la tête basse, s'agenouille
doucement.

Il ne manque personne, milord!

GEORGES, se levant et se ragenouillant.

Oui, bénissez-la, mon père, elle en a besoin.

MARGUERITE, à part.

Oh! oui, bien besoin!

GLENARVON.

Je vous bénis, mes enfants, et je prie Dieu
qu'il reçoive dans le ciel ceux qui mourront, et
qu'il soutienne sur la terre celle qui vivra.

(Tous se relèvent.)

MARGUERITE.

Espérons qu'il n'aura qu'à les soutenir tous sur la terre !

GLENARVON.

Ne vous bercez pas d'une vaine espérance, milady, nous sommes tous condamnés.

MARGUERITE.

Mais pas encore exécutés.

GLENARVON.

Nous le serons dans un quart d'heure.

MARGUERITE.

Dieu est grand, il aura pitié de vous.

GLENARVON.

De nos âmes.

MARGUERITE.

Vous manquez de foi, milord !

GLENARVON.

Faites-nous vos adieux, milady.

MARGUERITE.

Pas encore !

GLENARVON.

Le lieutenant de la Tour vient nous chercher.

MARGUERITE.

N'importe, espérons !

SCÈNE VII.

Les Mêmes, LE LIEUTENANT, LE GREF-FIER, Soldats.

LE LIEUTENANT.

Messieurs, êtes-vous prêts?

LES TROIS GLENARVON.

Oui.

LE LIEUTENANT.

Allons donc !

(On commence à se mettre en marche.)

MARGUERITE, remettant un paquet cacheté.

Arrêtez ! voilà leur grace !

TOUS.

Leur
Notre } grace !

MARGUERITE.

Oui, leur grace accordée par le roi, scellée du sceau royal. Lisez !

LE LIEUTENANT.

« Nous, le roi, accordons à lady Marguerite « Glenarvon la grace de l'un des condamnés de « sa famille... Elle choisira. »

MARGUERITE.

Un seul ! grand Dieu ! Mais non, c'est impossible, vous avez mal lu !

LE LIEUTENANT.

Lisez vous-même, milady !

MARGUERITE.

L'un des condamnés... C'est vrai ! c'est horriblement vrai ! Ah ! mon Dieu ! l'infâme et odieuse trahison ! Monsieur, accordez-moi une heure ! le temps d'aller à Westminster et de revenir.

LE LIEUTENANT.

Il m'est impossible de retarder l'exécution d'une minute.

MARGUERITE.

Mais que faire?... que faire, mon Dieu?

GLENARVON.

Se résigner !... C'est au plus vieux de mourir le premier... Adieu, mes enfants.

(Il sort précipitamment.)

GEORGES et HARRY, s'élançant.

Mon père !..

MARGUERITE, les retenant. Bas.

Restez ici !... restez ! (Silence.) Pauvre Glenarvon ! Maintenant, monsieur le lieutenant, que vous en avez un à tuer, laissez-moi, laissez-moi l'autre ! je vous en prie, je vous en supplie à genoux. Oh ! ne repoussez pas une mère, qui vous prie à genoux !

(Elle se traîne à ses genoux.)

LE LIEUTENANT.

Impossible !

MARGUERITE.

Mais vous n'avez donc pas de mère, vous?

LE LIEUTENANT.

Choisissez vite, madame, le temps presse.

MARGUERITE, debout.

Choisir... lequel?... Mais lequel voulez-vous que je choisisse? Est-ce qu'une mère peut choisir entre ses deux enfants?

LE LIEUTENANT.

Il le faut pourtant !

MARGUERITE, embrassant ses enfants.

Ah ! mes enfants !... mes pauvres enfants ! mes enfants ! mes enfants !...

LE LIEUTENANT.

Madame !

MARGUERITE, les embrassant encore.

Ayez donc pitié d'une pauvre mère !

LE LIEUTENANT.

Choisissez !

MARGUERITE.

Mais lequel, mon Dieu?

GEORGES.

Pas moi, car la vie m'est à charge, et vous savez que je vais où va mon père... Adieu.

(Il s'éloigne.)

MARGUERITE.

Georges !... Non, Georges... je ne veux pas...

HARRY.

Adieu, ma mère !

MARGUERITE.

Mais pas toi, non plus !

LE LIEUTENANT.

Lequel donc ?

MARGUERITE.

Eh bien ! tous les deux !... Emmenez-les tous les deux. (Elle se couvre le visage avec ses mains. On commence à s'éloigner.) Non ! non ! qu'ils reviennent.

LE LIEUTENANT.

Un seul, madame!

MARGUERITE.

Georges!

HARRY, s'en allant.

Adieu! adieu!

(Georges et Marguerite s'élancent après lui : la porte se ferme sur eux.)

SCÈNE VIII.

MARGUERITE, GEORGES.

MARGUERITE, après un très long silence.

Je n'ai plus de force.

GEORGES.

Toutes nos angoisses ne sont pas finies cependant.

MARGUERITE.

Ah! c'est horrible! Pauvre Harry!

GEORGES.

Pauvre frère!

MARGUERITE.

Est-ce que quelqu'un ne les sauvera pas?

GEORGES.

Personne!

MARGUERITE.

Je sais... je sais bien qu'on ne les a arrachés de mes bras que pour les conduire au supplice... et cependant je ne puis croire qu'ils mourront... Oh! n'ai-je rien entendu?

GEORGES.

L'horloge sonne six heures.

(Une détonation.)

MARGUERITE, tombant à genoux.

Ah!

(Elle sanglote.)

GEORGES, s'appuyant sur une chaise, puis se relevant.

Ils sont heureux!

MARGUERITE.

Que dis-tu?

GEORGES.

Je dis qu'ils sont heureux, ceux-là qui meurent à temps. Pourquoi n'avez-vous pas voulu me laisser mourir?

MARGUERITE.

Georges!...

GEORGES.

Si vous aviez su tout ce que la vie me gardait de profondes et d'horribles douleurs, vous eussiez rappelé Harry.

MARGUERITE.

Tu me reproches de t'avoir appelé, et cependant tu es venu.

GEORGES.

C'est qu'alors je n'étais que le fils aîné de la famille, et que je devais vous obéir en tout... c'est que je n'étais pas encore le chef de notre maison, comme je le suis à présent!... A présent ce n'est plus à moi d'obéir; c'est à moi de veiller sur tout et sur tous! c'est à moi de

commander et d'interroger, et de juger et de punir... et c'est là une prérogative bien malheureuse, quand on la paie du sang de son père; plus malheureuse encore, croyez-moi, quand on est obligé d'en commencer l'exercice par sa mère.

MARGUERITE.

Que veux-tu dire?

GEORGES.

Je veux dire que je dois demander compte à tous ceux qui portent le nom de Glenarvon, de la manière dont ils portent ce nom. Ma mère! pendant que votre époux et vos fils entendaient leur sentence de mort, où étiez-vous cette nuit?

MARGUERITE.

Georges! tu me fais peur.

GEORGES, tirant le voile de son sein et le jetant devant elle.

Ce voile, où l'avez-vous laissé, ma mère?

MARGUERITE.

Ton regard me glace... je ne puis répondre.

GEORGES.

Ah! vous ne pouvez pas me le dire!... Eh bien! je vais vous le dire, moi! Vous avez laissé ce voile dans la maison de lord Campbell, madame!

MARGUERITE.

Ah! grace! grace!

GEORGES.

Vous voyez maintenant que vous auriez bien fait de me laisser mourir, vous nous auriez épargné à chacun un horrible malheur : à vous, la mère, celui de rougir devant votre fils; à moi, le fils, celui de voir rougir ma mère.

MARGUERITE.

Georges, pardonne-moi!

GEORGES.

Cependant vous avez raison de rougir, car c'est là, ô mon Dieu! une chose bien infâme!

MARGUERITE.

Oh! tu n'as pas de pitié!

GEORGES.

Pas de pitié?... et pourtant j'ai laissé mon père vous bénir à côté de nous; je ne lui ai pas dit: Père, cette femme a déshonoré ton nom et le nôtre, maudis-la! Je ne lui ai pas dit: Elle a brisé le lien sacré qui unissait l'épouse à l'époux, les enfants à la mère; écrase-la sous tes pieds et maudis-la! Je ne lui ai rien dit de tout cela, parceque même alors je vous aimais encore... O ma mère! ma mère!... que vous m'avez fait de mal!

(Il pleure à chaudes larmes.)

MARGUERITE, se relevant.

Oui, j'ai été bien coupable; mais que voulais-tu que je fisse? il n'y avait pas d'autre moyen de vous sauver.

GEORGES.

Comment?

MARGUERITE.

C'était à ce prix qu'il m'avait promis votre grace à tous, l'infâme!

GEORGES.

Quoi! c'était... ma mère, c'était pour nous sauver?

MARGUERITE.

Ah! Georges!... Georges! tu ne l'avais pas deviné!

GEORGES, à genoux.

A ton tour pardonne-moi, ma mère!

MARGUERITE.

Tu me pardonnes donc, toi?

(Georges lui baise ardemment la main.)

GEORGES.

Je t'admire et je t'aime, ma mère! O noble et généreuse entre toutes les femmes! toi qui, pour nous sauver, n'as pas reculé devant le déshonneur; toi qui as assez aimé tes enfants pour te livrer, jusque-là si pure, aux caresses d'un débauché tout-puissant. Tiens, ici, en ce moment même, où ils viennent de mourir, je suis plus heureux que jamais je ne le fus de pouvoir encore t'embrasser, te bénir encore et te vénérer comme ma mère. O toi, mon père, qui es maintenant dans le ciel, jette du haut de ta gloire les yeux sur ta sainte compagne... car elle est digne de toi... car elle aussi est une martyre!

MARGUERITE.

Oui, une martyre, qui n'a pas même recueilli le prix de ses larmes, car il m'avait promis votre grace à tous les trois, le misérable! et, par une atroce dérision, il ne l'a accordée qu'à un seul.

GEORGES.

C'est là une odieuse trahison dont je tirerai vengeance; mais ce n'est pas la seule que j'aie à punir: je sais le nom de celui qui t'a trompée, maintenant, le nom de celui qui nous a accusés.

MARGUERITE.

C'est lui aussi!

GEORGES.

Campbell! encore Campbell! deux vengeances à tirer de toi! C'est trop d'une, milord, car je n'ai qu'une vie à te prendre; mais cette vie, cette vie damnée, avant la fin du jour, je l'au-

rai arrachée... Mais que dis-je?... (A part.) Clary... Clary, que je ferais orpheline encore après qu'elle est veuve... et ma mère qui resterait déshonorée!... (Haut.) Non, non, je ne veux pas le tuer encore!

MARGUERITE.

Georges! quel sentiment t'agite?

GEORGES.

Je pense, ma mère, qu'il faut... oui, il faut écrire...

MARGUERITE.

Écrire!... à qui?

GEORGES.

A lord Campbell.

MARGUERITE.

Et que lui écrire à cet infâme?

GEORGES.

Deux mots.

MARGUERITE, prenant la plume.

Lesquels?

GEORGES.

« Milord, je vous attendrai ce matin chez « moi à neuf heures; je serai seule. »

MARGUERITE, s'arrêtant.

Un rendez-vous?

GEORGES.

Oui, ma mère.

MARGUERITE.

Vous raillez, Georges!

GEORGES.

Non, je parle sérieusement.

MARGUERITE.

Je n'écrirai jamais cela.

GEORGES.

Écrivez! Georges vous en prie, le chef des Glenarvon vous l'ordonne.

MARGUERITE.

Allons...

(Elle écrit.)

GEORGES.

Ajoutez-lui qu'il montre, en passant, la lettre, parcequ'il y a ordre de ne laisser entrer que lui seul... Bien... maintenant, signez. (Elle signe.) Merci, merci, ma mère; rentrez à votre hôtel; moi, je vais porter cette lettre à son adresse, et que Dieu nous protège!

(Ils sortent. — Le rideau baisse.)

ACTE QUATRIÈME.

L'appartement de Clary. Hôtel Campbell.

SCÈNE I.

Deux Domestiques.

PREMIER DOMESTIQUE.

Quelle heure, Peters?

DEUXIÈME DOMESTIQUE.

Cinq heures.

PREMIER DOMESTIQUE.

Cinq heures du matin! et miss Clary n'est pas rentrée!

DEUXIÈME DOMESTIQUE.

Hélas! non; sa chambre (il montre une chambre à droite.) est vide.

PREMIER DOMESTIQUE.

Milord est-il instruit de cela?

DEUXIÈME DOMESTIQUE.

Qui le lui aurait appris?

PREMIER DOMESTIQUE.

Pas moi, toujours; j'aime trop miss et je crains trop milord pour me faire le porteur d'une pareille nouvelle. Aller lui dire que sa fille est sortie seule au milieu de la nuit, autant vaudrait s'aller jeter dans la Tamise. Personne n'aura voulu s'y hasarder.

DEUXIÈME DOMESTIQUE.

Et puis milord n'est pas rentré non plus.

PREMIER DOMESTIQUE.

Milord est sorti?

DEUXIÈME DOMESTIQUE.

Sans doute.

PREMIER DOMESTIQUE.

Cependant j'ai veillé toute la nuit à la porte de l'hôtel, et je ne l'ai pas vu sortir.

DEUXIÈME DOMESTIQUE.

Je le crois bien; il a passé par la porte dérobée que voici. (il montre une petite porte à gauche.) et dont il a pris la clef sur lui.

PREMIER DOMESTIQUE.

Ah çà, qu'est-ce que tout cela veut dire? A une heure, environ, milord ramène miss de la cour et la laisse dans son appartement; puis il ressort pour chercher une dame inconnue qu'il introduit dans le sien. Une heure après, miss Clary sort de l'hôtel, sans dire où elle va. Au bout de quelque temps, la dame inconnue en fait autant; et voilà que milord aussi se remet en course au milieu de la nuit.

DEUXIÈME DOMESTIQUE.

Dikson, tout cela n'est pas notre affaire; je ne cherche pas à le deviner; je sais seulement que milord est parti tout de suite après avoir reçu cette lettre que l'on a apportée pour lui de Westminster.

PREMIER DOMESTIQUE.

Et moi, je sais aussi bien deux choses: la première, c'est que cela n'est pas très amusant pour moi que l'on fait rester toute la nuit debout sur mes deux jambes, comme un païen que je ne suis pas, au lieu de me laisser dormir dans mon lit comme un chrétien que je suis.

DEUXIÈME DOMESTIQUE.

Crois-tu que j'aie fait un meilleur somme que toi?

PREMIER DOMESTIQUE.

La seconde: c'est que je vais en conséquence, et sans plus tarder, me coucher en attendant mieux.

DEUXIÈME DOMESTIQUE.

Et moi aussi.

PREMIER DOMESTIQUE.

Il faut cependant bien que quelqu'un veille pour attendre milord.

DEUXIÈME DOMESTIQUE.

Ce ne sera pas moi.

PREMIER DOMESTIQUE.

Ni moi.

DEUXIÈME DOMESTIQUE.

Bonsoir.

(Il sort.)

PREMIER DOMESTIQUE.

Peters!... attends donc, Peters... arrangeons-nous... Il m'abandonne... il va se coucher... l'égoïste!... et cependant je suis sûr qu'il a bien moins envie de dormir que moi. Moi, je tombe... je suis malade de sommeil... (Il s'appuie sur un fauteuil.) Ah! la bonne idée... et le bon fauteuil!... (Il s'arrange pour dormir.) Ah! qu'on est heureux de dormir!

SCÈNE II.

LE DOMESTIQUE; TROIS HOMMES MASQUÉS, entrant par la fenêtre.

LE DOMESTIQUE.

J'ai entendu... (Il regarde à droite et voit un homme masqué tenant un poignard.) Ah!... (Il se retourne effrayé et en voit autant à gauche.) Bon Dieu!

UN DES MASQUES, se promenant.

Silence!... voilà pour ne pas crier.

(Il lui donne une bourse.)

LE DOMESTIQUE, tremblant et étonné.

Milord...

LE MASQUE.

Pas de remerciments et réponds. — Milord Campbell est-il sorti?

LE DOMESTIQUE.

Oui.

LE MASQUE.

Bien. (A part.) Il a donné dans le piège. (Haut.) Par où va-t-on à la chambre de miss Clary?

LE DOMESTIQUE.

Cette porte y donne.

LE MASQUE.

Très bien. (A ses deux compagnons.) Emmenez-le avec vous, et tuez-le, s'il bouge. (Le domestique tremble.) Gardez-bien la porte de l'hôtel et venez m'avertir dès que quelqu'un frappera. Allez.

(Ils sortent.)

SCÈNE III.

LE MASQUE, seul.

Maintenant je ne puis pas être surpris: le succès est sûr. Le père que je fais sortir de sa maison par une lettre pressante, la fille que je prends dans son lit; deux hommes qui gardent la porte de l'hôtel ; deux autres là, au pied de l'échelle, pour me prêter main-forte au cas que la belle ne veuille pas se laisser enlever... tout cela est bien combiné... Mais ne perdons pas de temps; en amour comme en guerre les instants sont précieux... (Il va à la porte de droite.) Cette porte doit être fermée... nous la forcerons... Ouverte !... il y a un dieu pour les amants... Allons.

(Il entre à droite.)

SCÈNE IV.

CAMPBELL, entrant à gauche par la porte dérobée.

Personne d'éveillé à Westminster ! personne pour me dire le motif de ce message étrange qui me fait quitter ma maison à quatre heures du matin... Il y a là-dessous quelque mystère que j'approfondirai, et malheur...

SCÈNE V.

CAMPBELL, LE MASQUE.

LE MASQUE , entrant sans voir Campbell.
Lit et chambre vides !... Où donc est-elle ?

CAMPBELL.
Un homme ici !

LE MASQUE.
Campbell !

CAMPBELL. , appelant.
Holà , mes gens !

LE MASQUE.
N'appelez pas ; ce seraient les miens qui viendraient.

CAMPBELL.
Misérable !... (Il va fermer la porte du fond.) Qui es-tu ?...

(Il s'avance un poignard à la main.)

CHARLES , se démasquant.
Regarde !

CAMPBELL , reculant.
Le roi !

CHARLES.
Maintenant rangez-vous, que je sorte.

CAMPBELL.
Pardon, sire ; vous ne sortirez pas que je n'aie parlé à ma fille !... à ma fille, peut-être déshonorée !

CHARLES.
Vous êtes fou !... votre fille n'est pas ici.

CAMPBELL.
La raillerie après l'outrage.

CHARLES , ouvrant la porte de droite.
Voyez vous-même.

CAMPBELL , y allant.
Personne... Clary ! Clary !

CHARLES.
Eh bien ?

CAMPBELL.
Clary ! ma fille !... ô Clary ! Clary !

CHARLES.
A cette heure, me laisserez-vous sortir ?

CAMPBELL.
Sortir !... Par où donc es-tu entrée, majesté ? (Il va à la fenêtre.) Par-là, sans doute.. Une échelle !... tu l'as enlevée, brigand !

CHARLES.
Monsieur !

CAMPBELL.
Réponds! où est-elle ?

CHARLES.
Monsieur, je suis le roi !

CAMPBELL.
Tu es roi !... je suis père !... égalité... Où est-elle ?

CHARLES.
Je vous jure par ma couronne que je ne le sais pas.

(Il s'en va.)

CAMPBELL.
O mon enfant ! mon enfant !

CHARLES, revenant.
Écoutez, vous êtes premier ministre; mais votre pouvoir a des bornes : le mien n'en a pas; eh bien ! je le mets tout entier entre vos mains jusqu'à ce que vous ayez retrouvé votre fille.

CAMPBELL.
Ah! sire !

CHARLES.
Mais à une condition.

CAMPBELL.
Laquelle?

CHARLES.
Laquelle !... Bah ! aussi bien il fallait vous le dire tôt ou tard. J'aime votre fille : je veux qu'elle soit à moi.

CAMPBELL.
Sire !

CHARLES.
Ah! vois-tu, Campbell, ce n'est pas là un caprice d'un jour, comme j'en ai tant éprouvé ; c'est un amour profond, ardent, un amour qui me tuera s'il n'est satisfait !

CAMPBELL.
Sire !...

CHARLES.
Ce que tu voudras, je te le donnerai.

CAMPBELL.
Rien ne peut payer à un père l'honneur de sa fille.

CHARLES.
Le comté d'Oxford et la baronnie de Torn-Hill reviennent à la couronne par la mort du vieux lord Oxford : Oxford et Torn-Hill seraient deux beaux fleurons à une couronne de duc ; les veux-tu, milord ?

CAMPBELL.
Non, sire.

CHARLES.

Campbell, il est maintenant en Angleterre une jeune et belle princesse, du sang royal, qui a besoin d'un époux, et une vieille et magnifique épée qui a besoin d'un connétable; les veux-tu?

CAMPBELL.

Non, sire!

CHARLES.

En vérité, tu es un homme bizarre... Pour rien, tu commets crime sur crime, et tu recules devant une complaisance qui te ferait, après moi, le premier homme d'Angleterre.

CAMPBELL.

Quels crimes? Des ennemis trompés, outragés, tués... des Glenarvon mourant ensemble ou vivant d'une vie pire que la mort; ce ne sont pas là des crimes, ce sont des vengeances. Les bons Écossais sont bons haïsseurs. Mes ennemis en feraient autant à ma place, et feraient bien. Il y a des haines qui sont des vertus, et des complaisances qui sont des forfaits... Quant à vos dons, ils ne valent pas encore ce que vous me demandez: il y a en Europe trois royaumes aussi beaux que l'Angleterre, et il n'y a pour moi au monde qu'une Clary Campbell.

CHARLES.

Ah çà, milord, songes-tu que ta fille est perdue pour toi, et que, si je puis te la faire retrouver, je puis aussi t'en empêcher?

CAMPBELL.

Je l'aime mieux perdue, sire, que déshonorée.

CHARLES.

Un homme peut-il donc être ainsi à-la-fois si vicieux et si fanatique?

CAMPBELL, amèrement.

Raison de plus, sire, si je n'ai que cette vertu, pour me la laisser. Les tigres aiment bien leurs enfants, Campbell peut bien aimer sa fille.

CHARLES.

Tu railles et tu me braves, milord!... Prends-y garde! nous sommes roi, et roi par la grace de Dieu; je peux ce que je veux: gare que je veuille ce que je puis! Parceque je suis bon homme d'ordinaire, il n'est pas dit que je ne serai pas tyran quelquefois. Dieu travailla six jours et se reposa le septième: mon bourreau a dormi toute la semaine, il pourrait bien travailler dimanche.

CAMPBELL, avec hauteur.

Sire, cet homme-là travaille quelquefois pour moi, mais il ne travaillera jamais sur moi.

CHARLES.

Tu te trompes, orgueilleux lord, tu te trompes, Dieu merci! Hier tu as fait, sans ma permission royale, arrêter, juger, exécuter un pair d'Angleterre, lord Glenarvon; et c'est cas de mort, je te l'ai dit. De toi tout m'appartient

maintenant, biens, honneurs, existence... Campbell! ta fille!

CAMPBELL.

Jamais! sire.

CHARLES.

Donc, quand aurai-je tes ordres?

CAMPBELL, se dépouillant de tous ceux qu'il porte.

A l'instant, sire.

CHARLES.

Et ton portefeuille?

CAMPBELL.

Dans une heure.

CHARLES.

Et ta tête?

CAMPBELL.

Quand vous voudrez.

CHARLES.

C'est bien. Au revoir.

(Il sort.)

SCÈNE VI.

CAMPBELL, seul.

Tout! tout perdu! plus d'honneurs, plus de richesses, plus de puissance! plus rien... rien que ma fille! ma fille — le seul amour et la seule vertu que j'aie sur la terre! le seul bon ange qui combatte pour moi contre tant de mauvais démons qui m'assiégent. Mais j'avais oublié... Perdue! perdue! elle aussi! pour toujours peut-être. La savoir loin de moi, seule, sans défense, malheureuse!... qui sait? peut-être coupable... Non! non! c'est impossible. Dieu punit les criminels, mais il a pitié des pères.

SCÈNE VII.

CAMPBELL, CLARY.

(Elle est pâle et comme inanimée, puis elle se laisse tomber sur une chaise.)

CAMPBELL.

Ma fille!... Ah! te voilà, Clary!

CLARY, à voix basse.

Il est mort.

CAMPBELL.

Clary, écoute-moi. Il n'y a plus en Angleterre ni salut pour moi, ni honneur pour toi: le roi veut te flétrir, ou me tuer. Il faut partir à l'instant. Viens.

CLARY, immobile.

Oui, mon père.

CAMPBELL.

De l'or, des diamants, un navire! Dans quatre heures nous serons à Douvres, et dans huit à Calais. Viens donc!

CLARY, de même.

Quoi?

CAMPBELL.

Tu ne m'entends pas?... Mais qu'as-tu donc?

CLARY.

Moi?

CAMPBELL.

Oui. Tu es bien pâle.

CLARY.

C'est que j'ai bien souffert.

CAMPBELL.

D'où viens-tu, malheureuse enfant?

CLARY.

De la Tour.

CAMPBELL.

Qu'allais-tu faire à la Tour?

CLARY.

Voir un prisonnier qui devait mourir il y a une heure et qui est mort maintenant.

CAMPBELL.

Le nom de ce prisonnier?

CLARY.

Harry Glenarvon.

CAMPBELL.

Harry Glenarvon! — Mais tu ne sais donc pas que les Glenarvon sont nos ennemis mortels?

CLARY.

Je ne sais rien... sinon que je l'aimais et qu'il est mort.

CAMPBELL.

En vérité, Clary, tu aimais un homme de cette race?

CLARY.

Oui.

CAMPBELL.

Alors je te plains... car moi, je l'extermine, cette race.

CLARY.

Eh bien! soyez heureux, mon père; — vous avez fait votre fille veuve et mon enfant orphelin.

CAMPBELL.

Ah! mon Dieu!

CLARY.

Veuve sans nom d'époux, orphelin sans nom de père; car ces haines de familles, — ces haines maudites, — nous empêchaient de nous unir; et je n'étais que sa maîtresse.

CAMPBELL.

Malheureuse! — Et tu l'avoues!

CLARY.

Oui, — je l'avoue; car, si je n'étais pas son épouse devant les hommes, je l'étais devant Dieu; et je m'inquiète moins des hommes que je vais bientôt quitter, que de Dieu devant lequel je vais bientôt paraître.

CAMPBELL, prenant son poignard.

Oui... tu vas bientôt y paraître; — pour avoir déshonoré le nom de ton père, tu vas mourir, infâme!

CLARY, immobile.

Tuez-moi... seulement vous vous rappellerez ce que vous avez fait cette nuit, et ce que vous avez fait ce matin.

CAMPBELL.

Que veux-tu dire?

CLARY.

Je veux dire que le père tuera la fille pour une faute que le père avait commise lui-même.

CAMPBELL, reculant.

Clary!

CLARY.

Oh! tuez-moi... j'irai rejoindre celui qui est mort.

CAMPBELL, jetant son poignard.

Eh bien! non, non, tu ne mourras pas... bien que j'aie le droit de te tuer... devant Dieu... Car, pour te conserver cet honneur auquel tu tenais si peu, toi, lâche Clary, j'ai refusé les plus grands honneurs et les plus grandes richesses que puisse desirer un homme, quand il n'est pas né roi; — j'ai perdu tout ce que je possédais, même la certitude de vivre... Tu vivras, toi, mais ce sera pour me servir de marchepied à la fortune, et pour me voir achever mon œuvre de haine et de vengeance; car je veux persécuter jusqu'à la fin ces Glenarvon que tu aimes, toi, et que moi, je hais d'une implacable haine.

CLARY.

Il y a donc encore des Glenarvon?

CAMPBELL.

Encore un homme et une femme... La femme, c'est celle que tu as vue cette nuit, c'est milady Marguerite, qui est venue chercher la grace de son mari et de ses deux fils...

CLARY.

Juste ciel!

CAMPBELL.

Et qui n'a remporté que la grace d'un seul, qu'elle devait choisir... L'homme, c'est celui qu'elle a choisi.

CLARY.

Et lequel est-ce?

CAMPBELL.

Je n'en sais rien.

CLARY.

O mon Dieu! fais que ce soit Harry!

CAMPBELL.

Que ce soit Harry ou l'autre, tu ne le reverras jamais... Non que je veuille le tuer; il serait trop heureux: il vivra comme toi, et ma vengeance durera autant que sa vie; et ce sera bien peu, — cette famille maudite n'a pas cessé un instant d'être le mauvais génie de la nôtre; — elle nous a toujours rendu haine pour haine, déshonneur pour déshonneur... Seulement le nôtre sera secret, le leur sera public; personne ne saura que Clary Campbell a été la maîtresse de Harry Glenarvon, tout le monde saura que milady Marguerite Glenarvon a été la maîtresse de lord Campbell... Car dans une heure je serai plus puissant que jamais; dans une heure ils seront partis pour les déserts de l'Amérique!

CLARY.

Déportés!

CAMPBELL.

Oui, je veux les envoyer, par le navire infâme des déportés, vivre sur les côtes de l'Amérique : le fils parmi les assassins, la mère parmi
les prostituées !

CLARY.

O mon père ! mon père !

CAMPBELL.

Laissez-moi !

CLARY.

Pitié pour eux et pour moi, mon père !

CAMPBELL, s'en allant.

Ni pour les uns ni pour les autres !

CLARY.

Grace pour Harry !

(Campbell sort précipitamment, la laissant étendue par
terre.)

SCÈNE VIII.

CLARY, seule.

Il ne m'entend plus, et il s'en va me laissant
livrée à une horrible terreur, et à un doute
plus horrible encore... Pourquoi m'a-t-il dit
qu'il y avait encore un Glenarvon? Je n'espérais
plus ; je n'aurais pas été trompée... Mais maintenant mon tourment recommence comme à
l'instant du supplice... Si c'était Harry ! mais si
ce n'était pas lui ! Ah ! je suis une folle... Mon
père m'a dit cela pour m'effrayer davantage ;
cela n'est pas, ne peut pas être : il n'y a plus de
Glenarvon.

UN DOMESTIQUE, annonçant.

Milord Glenarvon.

CLARY.

Lequel, mon Dieu?

SCÈNE IX.

CLARY, GEORGES.

CLARY, poussant un cri.

Ah ! et Harry ?

GEORGES.

Mort !

CLARY.

Je n'ai donc plus qu'à mourir aussi.

GEORGES.

Clary, vous n'en avez pas le droit.

CLARY.

Pourquoi?

GEORGES.

Et votre enfant ?

CLARY.

Vous savez tout ?

GEORGES.

Oui.

CLARY.

Et vous ne me méprisez pas?

GEORGES.

Vous le voyez bien.

CLARY.

Ah ! vous êtes bon, vous !

GEORGES.

Vous me promettez de vivre pour votre enfant?

CLARY.

Oui... mais si je vis, cet enfant lui-même vivra malheureux, accablé qu'il sera sous la
honte de sa naissance.

GEORGES.

Cette honte sera effacée.

CLARY.

Comment?

GEORGES.

Clary, c'est un Glenarvon qui a causé votre
malheur; c'est à un Glenarvon de le réparer.

CLARY.

Je ne vous comprends pas.

GEORGES.

Dans une chapelle voisine, un ministre nous
attend pour nous unir.

CLARY.

Nous unir !

GEORGES.

Oui; c'est pour cela que je suis venu.

CLARY.

Mais... Georges...

GEORGES.

Oh! ne craignez rien... Je sais bien que la maîtresse de Harry ne peut pas être la femme de
Georges; nous serons un frère et une sœur
portant le même nom : voilà tout... Quand le
ministre nous aura donné sa bénédiction, sans
déposer seulement un baiser sur votre front, je
vous quitterai... (tristement.) pour ne plus vous
revoir ; vous resterez ici, et vous tâcherez d'oublier qu'il y a des Glenarvon au monde, et moi,
j'irai me cacher à l'autre bout de la terre, où
je n'oublierai pas qu'il y a une Clary Campbell.

(Il pleure.)

CLARY.

Vous pleurez, Georges!

GEORGES.

Ah! que voulez-vous? je suis homme... La
religion a beau faire, elle ne peut étouffer la
nature ; et, quand le cœur est brisé, les yeux
pleurent.

CLARY.

Vous souffrez bien !

GEORGES.

Si je souffre!... tu le sais, ô mon Dieu! toi
qui lis dans mon cœur... Mon père est mort,
mon frère est mort, et vous... demain vous serez morte pour moi.

CLARY.

Eh bien! non, ne nous quittons pas... vivons comme frère et sœur, et nous nous conso-
lerons ensemble.

GEORGES.

Rester ensemble!... mais, Clary, vous ne voyez donc pas que je vous aime!

CLARY.

Vous!

GEORGES.

Oui, moi. Le ciel m'est témoin que je voulais à jamais enfermer ce secret dans mon cœur, quand il eût dû m'étouffer; mais mon ame était trop pleine, elle a débordé. Oui, oui, je vous aime... je suis fou d'amour! le jour, je pense à vous; la nuit, je rêve de vous! vous! vous! toujours vous! vous par-tout! Oh! je vous aimais plus que lui, allez!

CLARY, gravement.

Georges!

GEORGES.

Oh! je sais bien qu'il est mort et que je le calomnie... Mais, tenez, il m'a tant fait souffrir en me prenant votre cœur, que vous pouvez bien me pardonner une parole de jalousie contre lui... Pauvre frère!

CLARY.

Pauvre Georges aussi!

GEORGES.

Oui, pauvre Georges! qui n'a plus rien au monde, pas même le courage de se résigner.

CAMPBELL, au dehors.

Un constable! qu'on aille chercher un constable!

CLARY.

Mon père!... sauvez-vous!

GEORGES.

Pourquoi?

CLARY.

Parceque, s'il vous trouve ici, il vous tuera.

GEORGES, dédaigneusement, la main sur la garde de son épée.

Lui?

CLARY.

Eh bien! il vous fera tuer alors.

GEORGES.

Je ne souffrirai plus.

CLARY.

Mais, mais le prêtre nous attend, Georges!

GEORGES.

Vous avez raison : il me reste un grand devoir... deux grands devoirs à remplir.

CLARY.

Le voilà... Par ici! par ici!

GEORGES.

Un instant! la lettre, j'oubliais la lettre! (Il jette la lettre sur une table.) Je vous suis.

CLARY.

Venez donc!

(Ils sortent par la porte dérobée.)

SCÈNE X.

CAMPBELL, entrant seul, agité.

Le duc Campbell! je suis duc, et comte d'Oxford, et baron de Torn-Hill, et connétable d'Angleterre... Je viendrai après le roi, avant les princes; je marcherai entre la terre et le ciel... Mais ma fille! ma fille!... Oh! elle était perdue sans cela... perdue par sa faute... et mieux vaut une honte royalement habillée qu'une infamie toute nue... Pourtant... Oh! l'ambition, le remords, la joie, le désespoir... Oh! je suis fou... la tête me tourne... je ne puis ni vivre avec cela ni vivre sans cela... Que faire, ô mon Dieu! Qu'est cela? (Il prend la lettre.) « Ce matin... neuf heures... je serai seule... Ne laisser entrer que vous... » Folle! qui croit que je l'aime encore... Dans une heure elle aura pour réponse un ordre de déportation que je lui ferai porter par un constable... Qu'ai-je entendu? le roi! — Non. — Je tremble... Il me semble à chaque instant voir arriver cet homme pour me prendre ma fille sous mes yeux... Horreur! — Je ne sais que devenir. — Ah! si je voyais ma fille... peut-être qu'à sa vue mon ame se calmerait et qu'une résolution me viendrait. — Holà, Peters! Peters! (Peters entre.) Priez miss Clary de se rendre ici.

PETERS.

Milord, miss Clary est sortie.

CAMPBELL.

Encore sortie!... seule?

PETERS.

Non, milord, avec le lord Glenarvon.

CAMPBELL.

Glenarvon! mille malédictions!... toujours ce nom! toujours cette famille!... Il l'aura emmenée dans son hôtel, sans doute... mais c'est une proie qu'il ne gardera pas long-temps. (Il prend son chapeau.) Ah! la lettre! (Il la ramasse.) Cela m'ouvrira toutes les portes... Ah! milady Glenarvon! tu avais raison : il était écrit que j'irais à ton rendez-vous.

(Il fait quelques pas.)

PETERS.

Milord, vous allez à l'hôtel Glenarvon?

CAMPBELL.

Oui.

PETERS.

Seul?

CAMPBELL.

Oui... eh bien?

PETERS.

Permettez-moi, milord, de prendre ma grande épée à deux mains et de vous suivre.

CAMPBELL.

Merci; c'est inutile.

PETERS.

Milord, ces gens-là vous joueront quelque mauvais tour.

CAMPBELL.

Ils n'oseraient; sois tranquille.

(Ils sortent.)

SCÈNE XI.

CLARY, seule ; puis CHARLES.

CLARY.

Nous voilà pour toujours unis au ciel et séparés sur la terre... Étrange et malheureuse destinée qui empêche de rester près de moi les deux seuls hommes qui m'aient véritablement aimée! Car mon père m'a fait une menace que je ne m'explique pas, mais qui me laisse voir plus de haine que d'amour... Je servirai de marchepied à sa fortune, m'a-t-il dit... je ne comprends pas... (Le roi entre.) Le roi!... (Bas.) Je comprends , maintenant.

CHARLES.

Non... il n'y a pas ici de roi... il n'y a qu'une reine qui voit devant elle le plus soumis et le plus dévoué de ses sujets.

CLARY.

Sire !

CHARLES.

Qui a voulu apporter à miss Campbell, pour lui prouver son zèle, la première faveur que lui a demandée son père après sa rentrée en grace.

CLARY, amèrement.

Ah! mon père est rentré en grace?

CHARLES.

Oui... miss, grace à vos yeux bleus.

(Il lui présente le parchemin.)

CLARY, sérieusement.

Je remercie votre majesté ; mais je desire peu me mêler des affaires d'état.

CHARLES.

Ceci est plutôt, je crois, une affaire de famille... un ordre de déportation pour...

CLARY.

Pour l'Amérique !

CHARLES.

Vous le saviez ?

CLARY.

Oui, sire... (A part.) O Georges!... j'avais oublié. (Haut.) Oui, mon père... si votre majesté voulait me confier ce papier ?...

CHARLES.

Ma belle Clary est sûre d'obtenir tout ce qu'elle me demandera.

(Il le lui donne.)

CLARY, le prenant.

Je remercie votre majesté , et je...

(Elle veut sortir.)

CHARLES.

Vous partez !... — Et moi ? et ma récompense ?

CLARY.

Quelle récompense ?

CHARLES.

Il me faut la promesse d'un rendez-vous.

CLARY.

Sire , je ne dois pas vous entendre plus longtemps.

CHARLES.

Ce n'était pas là ce que m'avait fait espérer votre père... Pensez-vous...?

CLARY.

Je ne pense rien , sinon que Dieu maudit les rois qui achètent aux pères l'honneur de leurs enfants.

CHARLES.

Quoi qu'il en soit , votre père m'a cédé tous ses droits sur vous , et vous appartenez à votre père.

CLARY.

Non , sire.

CHARLES.

Pourquoi ?

CLARY.

Parceque je ne m'appelle plus miss Clary Campbell ; parceque je m'appelle milady Georges Glenarvon.

CHARLES.

Milady Glenarvon !

CLARY.

Oui, sire ; et, puisque la maison de mon père ne peut plus me protéger contre les insultes , je cours chercher un asile dans celle de mon époux. — (A part.) J'ai sauvé Georges!

(Elle sort.)

CHARLES.

Ah çà , voilà long-temps que l'on se joue du roi. — Campbell et Glenarvon ! mes dignes lords , vous me le paierez tous les deux.

(Il sort.)

ACTE CINQUIÈME.

Hôtel Glenarvon. — Chambre commune.

SCÈNE I.

MARGUERITE , BETTY.

MARGUERITE , pensive.

Georges ne revient pas...

BETTY.

Milady, j'ai tout fait préparer dans cette chambre (à droite.) suivant vos ordres, et j'ai fait entrer dans celle-ci (à gauche.) les hommes qui se sont présentés au nom de milord.

MARGUERITE.

Tu as bien fait, Betty ; je te remercie.

BETTY, timidement.

Pourrais-je demander à milady pourquoi tous ces préparatifs?

MARGUERITE.

Mon enfant, ils se font par l'ordre de milord Georges ; mais je ne sais pas plus que toi pourquoi ils se font.

BETTY.

C'est que jamais je ne vis ici chose pareille, et que jamais il n'entra dans l'hôtel Glenarvon aucune de ces figures féroces qui remplissent cette chambre.

MARGUERITE.

C'est qu'aussi jamais notre famille ne s'était trouvée dans de pareilles circonstances... Betty, il y a un malheur qui pèse sur les Glenarvon.

SCÈNE II.

MARGUERITE, BETTY, GEORGES.

MARGUERITE.

Ah! te voilà enfin!

GEORGES.

Oui, enfin, ma mère... Betty, sortez.

BETTY, à part.

Il va se passer ici quelque chose d'étrange.

(Elle sort.)

GEORGES.

Milady, a-t-on exécuté mes ordres?

MARGUERITE.

Oui, mon fils.

GEORGES, montrant la chambre à droite, au fond.

Tout est prêt là ?

MARGUERITE.

Tout.

GEORGES, montrant la chambre à gauche.

Et là ?

MARGUERITE.

Tout.

GEORGES.

Bien.

(Il dépose son épée.)

MARGUERITE.

Georges, à présent que j'ai accompli aveuglément tous tes ordres, me permettras-tu de te demander la raison de ces choses?

GEORGES.

Oui, ma mère.

MARGUERITE.

Pourquoi ce billet que tu m'as fait écrire à lord Campbell.

GEORGES.

Pour l'attirer seul ici, pour le tenir entre mes mains et le forcer de faire la seule chose que je veuille lui demander.

MARGUERITE.

Quelle est elle ?

GEORGES.

Oh! une chose bizarre assurément... une chose monstrueuse et intolérable en toute circonstance, mais nécessaire et juste dans celle-ci... Je veux que lord Campbell épouse lady Marguerite Glenarvon.

MARGUERITE.

Moi, Georges!

GEORGES.

Vous, ma mère!

MARGUERITE.

Georges, je ne puis te croire.

GEORGES.

Par la tête de mon père, qui est mort, je vous jure que cela est vrai.

MARGUERITE.

Mais, Georges, tu n'y penses pas!... moi, lady Glenarvon, épouser lord Campbell!... moi, épouser l'ennemi de notre famille!... moi, épouser l'assassin de mon époux et de mon fils!... moi, épouser Campbell!... Non, non! par le ciel, non!... c'est là une chose odieuse et infâme que je ne puis pas faire et que je ne ferai pas.

GEORGES.

Ma mère...

MARGUERITE.

Non, te dis-je!... quand même je pourrais à ce prix faire revivre les deux autres; non, quand on devrait pour cela te tuer sous mes yeux... non, non!... mille fois non!...

GEORGES.

Vous voulez donc, ma mère, qu'après le malheur vienne l'infamie?... Vous voulez donc que ce qui reste des Glenarvon porte un nom déshonoré ?... Vous voulez donc que lord Campbell puisse dire : Lord Glenarvon, c'est un bâtard, peut-être, et lady Glenarvon est à coup sûr ma maîtresse.

MARGUERITE.

Ciel!...

GEORGES.

Car il a le droit de le dire et il le dira, ma mère.— Il dira : Cette lady Glenarvon, si fière et si dédaigneuse, lady Glenarvon, la noble et la puritaine, c'est ma maîtresse!... — Et, si quelqu'un doute, il appellera ses valets en témoignage, et ils répondront : C'est vrai!... c'est sa maîtresse !

MARGUERITE.

Mais c'est qu'il a raison, mon Dieu!

GEORGES.

Oui, j'ai raison; et j'ai raison encore quand je vous dis d'épouser cet homme; car, sans cela, il y aura sur nous tant de honte que nous courberons la tête plus bas que des courtisans ; que chacun s'écartera à notre approche, comme à l'approche des pestiférés ; que l'air sera à l'entour de nous plein de moqueries et d'injures ; et que, quand nous nous présenterons morts au ciel, mon père détournera de nous sa face et dira : « Je ne vous connais pas ! »

MARGUERITE.

Mais que faire ?

GEORGES.

Et, prenez-y garde ma mère, il laisse, mort, sa réputation vivante; et il ne faut pas que nul y vienne porter des mains sacriléges. — Sa tête a pu tomber, son honneur doit rester debout ! — Et, si un homme a eu la puissance de lui dresser un échafaud, il faut veiller à ce que personne, personne ne puisse cracher sur sa tombe.

MARGUERITE.

Georges !

GEORGES.

Car nul ne doit avoir le droit de mépriser la veuve du comte Glenarvon; et, si vous me refusez, tout le monde aura ce droit, ma mère.

MARGUERITE.

Mais, Georges, c'est une chose bien odieuse que ce mariage.

GEORGES.

Odieuse, mais nécessaire ; il le faut, il le faut, je vous le dis.

MARGUERITE.

Allier le nom des Glenarvon à celui des Campbell !

GEORGES.

Eh bien, ce ne sera pas vous qui commencerez.

MARGUERITE.

Comment ?

GEORGES.

Harry Glenarvon avait rendu mère Clary Campbell, et Georges Glenarvon vient d'épouser Clary Campbell, parceque cela était juste ; or lord Campbell a déshonoré lady Marguerite Glenarvon, et il épousera lady Marguerite Glenarvon, parceque cela est juste.

MARGUERITE.

Mais je ne pourrai pas vivre un jour avec cet homme.

GEORGES.

Aussi vous n'y vivrez pas une heure, je vous jure.

MARGUERITE.

Nous partirons?

GEORGES.

Oui, vous partirez, ma mère. — La bénédiction du prêtre une fois donnée, vous quitterez à l'instant l'Angleterre, emportant avec vous la seule chose qui désormais nous intéresse, l'honneur de notre famille. — Et vous ne serez jamais pour moi la femme de lord Campbell, mais la veuve de lord Glenarvon, ma mère chérie et vénérée.

MARGUERITE.

Georges !

GEORGES.

Allons, ma mère, vous me le promettez ; cela

se fera, n'est-ce pas ? — Vous me jurez d'épouser lord Campbell, n'est-ce pas ?... ma mère !...

MARGUERITE.

Mais cela dépend-il de moi seule ? — S'il refusait !...

GEORGES.

S'il refuse, vous appellerez, nous serons là !

MARGUERITE.

Quoi !... c'était...?

GEORGES.

Oui, ma mère.

MARGUERITE.

Mais, s'il ne venait pas?

GEORGES.

Il viendra.

MARGUERITE.

Il doit se défier...

GEORGES.

Tenez... le voilà !... le voilà !...

MARGUERITE.

Peut-être.

GEORGES.

J'en suis sûr... j'en suis sûr, à la colère qui me saisit, à la soif de sang qui me dévore... Mais je m'égare... il vient : ma mère... il vient. — Je vous laisse, et malheur à nous tous si ce mariage ne se fait pas !...

(Il entre dans la chambre du fond à gauche.)

MARGUERITE.

O vous qui êtes là-haut, donnez-moi du courage !

SCÈNE III.

MARGUERITE, CAMPBELL.

CAMPBELL, sans voir Marguerite.

Ma fille n'est pas ici ?

MARGUERITE.

Votre fille, milord ?

CAMPBELL.

Pardon, milady ; je ne vous avais pas vue.

MARGUERITE.

Vous parliez, je crois de votre fille ?

CAMPBELL.

Oui, j'espérais la trouver ici.

MARGUERITE.

Est-ce donc pour elle que vous êtes venu ?

CAMPBELL.

Vous ne le croyez pas !... vous avez bien voulu me donner un rendez-vous, je n'aurais eu garde d'y manquer. (A part.) O comme je vais enfin leur rendre tous leurs outrages !

MARGUERITE.

Vous devinez pourquoi je vous ai prié de venir ?

CAMPBELL, souriant.

Je le présume, belle lady.

MARGUERITE.

Vous savez bien que je suis veuve?

CAMPBELL.

Oui... et je conçois que vous en êtes d'autant plus libre.

MARGUERITE.

En effet... je suis libre, et vous voyez... (à part.) ô mon Dieu!... (haut.) vous voyez que le premier acte de ma liberté a été de penser à vous.

CAMPBELL, lui baisant la main.

Que vous êtes bonne!

MARGUERITE.

Et vous!... pensez-vous toujours à moi?... m'aimez-vous toujours?...

CAMPBELL.

Plus que jamais.

MARGUERITE.

Alors mes vœux doivent être les vôtres.

CAMPBELL.

Assurément.

MARGUERITE.

Rien ne nous empêche plus d'être l'un à l'autre, n'est-ce pas?

CAMPBELL.

Rien que je sache.

MARGUERITE.

Eh bien, milord, vous allez m'épouser?

CAMPBELL.

Vous épouser... moi!...

MARGUERITE.

Vous!...

CAMPBELL.

Milady raille.

MARGUERITE.

Railler... mais vous oubliez donc que c'est vous qui m'avez ravi mon mari, et mon fils et mon honneur?... que si vous pensiez à tout cela, milord, vous ne trouveriez pas que c'est trop de demander en échange votre main et votre nom.

CAMPBELL.

Mais vous, vous oubliez donc nos haines, vos dédains et ma vengeance, et cette nuit!... (Mouvement de Marguerite.) Songez un peu à tout cela, milady; rappelez-vous bien qui vous êtes et qui je suis, et venez ensuite, si vous l'osez, me demander de vous prendre pour femme!

MARGUERITE.

C'est parceque j'y pense que je vous demande cela; et il faut que j'y pense bien pour surmonter l'horreur et le mépris que j'ai pour vous, milord.

CAMPBELL.

Ah! je vous rends bien tous vos sentiments pour moi, milady, ma belle maitresse.

MARGUERITE.

Sa maitresse!... Milord, vous savez que là où ne réussit pas la prière, il faut employer la force... Ouvrez les portes!...

(La porte du fond s'ouvre, et laisse voir un autel dressé et le ministre en habits sacerdotaux; celle de gauche s'ouvre aussi et montre une foule d'hommes armés d'épées, de haches et de poignards, et à leur tête Georges, qui regarde, les bras croisés.)

SCÈNE IV.

LES PRÉCÉDENTS, GEORGES; LE MINISTRE au fond; HOMMES ARMÉS.

MARGUERITE.

Vous voyez... le ministre d'un côté, les meurtriers de l'autre... là l'autel, ici la tombe... Choisissez!

CAMPBELL.

C'est une infâme trahison... mais vous en serez les victimes... Au secours!

GEORGES.

Pas un cri! pas un mot, ou vous êtes mort! Ceci n'est pas une trahison; c'est une justice... Et voyez!... nous ne nous cachons pas, nous autres; l'on sait ce que nous faisons, et pourquoi nous le faisons... (A tous.) Cet homme qui est devant vous a, par violence, ravi l'honneur de ma mère, et, par violence, ma mère se fait rendre son honneur... Écoutez, milord, chacun fait suivant ses forces : vous vous servez de l'échafaud pour le crime, je me sers du poignard pour la justice. Vous avez des bourreaux, j'ai des assassins : chacun sa part, chacun son tour! (Lui prenant le bras violemment.) Donc, vous allez épouser ma mère à l'instant, ou, par mon père que vous avez fait tuer, je vais vous tuer!... Allez! vous autres, vous servirez de témoins... Allons, milord, la main à votre fiancée, et que Dieu vous soit en aide.

(Il étend le bras vers la porte du fond à droite, Campbell lui lance un regard de rage, saisit brusquement la main de lady Glenarvon, et entre avec tout le monde dans la chapelle.)

SCÈNE V.

GEORGES, seul.

Saints du ciel, je vous remercie d'avoir touché de crainte le cœur de cet homme! Maintenant ma mère est sauvée du déshonneur et moi de l'assassinat; car, si Campbell eût refusé ou lutté, je l'eusse fait assassiner certainement. A présent je n'ai plus besoin que de moi-même. Nous voilà seuls, égaux, face à face; il a sa haine, j'ai ma vengeance; c'est bien. (Allant à la porte.) Hâte-toi, hâte-toi, ministre de Dieu! car moi aussi, j'ai hâte, et je veux accomplir un sacrifice... Que les instants sont longs!... Ah! que d'idées vous viennent entre une pensée de mort et son exécution! comme je me rappelle toute ma vie, toutes mes joies, toutes mes douleurs! O mon enfance! ô mes amours! ô mon père! ô Clary! —Clary!... mais si je meurs dans ce combat, Clary, que fera-t-elle, et que deviendra son enfant? et si c'est son père!... car cet homme-là est son père, après tout. Chose horrible! être entre deux devoirs égaux, en-

re la vengeance et la pitié, et ne pouvoir
hoisir ! O mon Dieu ! éclaire moi ; que faire ?
que faire ? (*Regardant au dehors.*) Qui vient là ?
Clary ! eh bien, j'en accepte le présage. O Seigneur, j'aurai pitié de la pauvre femme... j'étouf-
ferai dans mon cœur la rage qui le dévore et la
haine qui le brûle... je pardonnerai. Pardonner !
oui... dussé-je mourir... et, quand mon heure
sera venue, j'irai avec confiance vers toi, mon
père, et je te demanderai si une bonne action ne
vaut pas mieux que le sang d'un ennemi.

SCÈNE VI.

GEORGES, CLARY.

CLARY.

Ah ! Dieu soit béni ! Georges, je vous rencontre.

GEORGES.

Clary, nous nous étions promis de ne plus
nous revoir.

CLARY.

Et je voulais tenir ma promesse, malgré la
douleur que m'aurait causée votre absence...
mais les circonstances m'ont forcée de venir.

GEORGES.

Comment ?

CLARY.

Mon père, ennemi acharné de votre famille,
ne veut pas qu'il reste un seul Glenarvon en
Angleterre.

GEORGES.

Est-ce ma mort qu'il veut ?... ô mon Dieu, si
ce n'est que cela, laissez-le faire, Clary ; je ne
le maudirai pas maintenant.

CLARY.

Non, ce n'est pas cela.

GEORGES.

Veut-il que ma mère et moi nous disparais-
sions de la face de ce pays comme une race ex-
terminée ?... Eh bien, il sera satisfait ! car nous
voulons abandonner pour jamais cette terre qui
est pour nous toute pleine de douleurs, tout
ensemencée de tombeaux, toute peuplée de
fantômes.

CLARY.

Non, non ; ce n'est pas cela.

GEORGES.

Qu'est-ce donc ?

CLARY.

Il vient de demander et d'obtenir contre vous
et votre mère cet ordre de déportation en Amérique.

(*Elle lui tend le parchemin.*)

GEORGES, le prenant.

Nous, déportés !

CLARY.

Oui ; mais, pendant qu'il erre dans Londres,
à la recherche de cet ordre, vous avez le temps
de vous échapper et de gagner la mer.

GEORGES, absorbé.

Déportés !...

CLARY, doucement.

Georges !

GEORGES, se réveillant.

Ah ! oui... oui... Clary, vous avez raison... il
faut... oui, nous allons nous échapper... Adieu !

CLARY.

Georges, laissez-moi rester encore.

GEORGES.

Non... non... Clary... c'est impossible... il
faut nous séparer...

CLARY.

Pourquoi ?

GEORGES.

Eh bien, je vous l'ai déjà dit : votre présence
ici pourrait éveiller les soupçons... Adieu.

CLARY.

Georges, vous ne me donnez seulement pas
le baiser d'adieu ?

GEORGES.

Pauvre femme ! dans un instant, elle n'aura
peut-être plus personne. (*Haut.*) Adieu donc,
(*il l'embrasse au front.*) Clary ! quoi qu'il arrive,
pardonnez-moi et priez pour moi.

CLARY.

Que voulez-vous dire, Georges ?

GEORGES.

Rien, rien ! je ne sais, mais... au moment
de nous quitter... Allez !... allez !

CLARY.

Eh bien ! eh bien, non ! je resterai ; je sens
qu'il y a un malheur qui pèse sur vous et sur
moi... Non ! quoi que vous puissiez dire et faire,
je resterai.

GEORGES.

Clary ! (*A part.*) O mon Dieu ! (*Haut.*) Mais,
Clary, vous oubliez qu'en restant ici vous me
perdez, et qu'en partant vous pouvez nous
sauver peut-être.

CLARY.

Ah ! pardon ! pardon ! Georges ! je cours chez
mon père.... Tout !... tout pour vous ! même
mon dernier moment de bonheur... Adieu.

(*Elle sort.*)

SCÈNE VII.

GEORGES, puis CAMPBELL.

GEORGES, seul.

Le misérable !... et moi qui allais lui pardonner !... (*Il va à la porte du fond à gauche et la
ferme, puis il se place devant l'autre porte par où est
sortie Clary.*) Là !...

CAMPBELL, à part, sortant de la chapelle.

C'est fini !... les traîtres !... mais bientôt je serai vengé... (*Il va à la porte où est Georges.*) Monsieur !...

GEORGES.

Vous savez bien que l'on m'appelle milord,
maintenant.

CAMPBELL.

Eh bien, milord, pourquoi me barrez-vous
le chemin ?

GEORGES.

Parceque je ne veux pas que vous sortiez,
apparemment.

CAMPBELL.

Encore !... Mais cette fois vous êtes seul...
et il y a plus d'une porte...

(Il va à celle de gauche au fond.)

GEORGES.

Fermée !

CAMPBELL, allant à la petite porte de droite.

Celle-ci ?...

GEORGES.

Pas d'issue...

CAMPBELL.

Que me voulez-vous donc enfin ?

GEORGES.

Oh ! bien des choses... Je veux d'abord
vous demander où vous allez de ce pas !

CAMPBELL.

Je m'en vais au conseil, à Westminster.

GEORGES.

Vous mentez, milord Campbell !

CAMPBELL.

Milord Georges !...

GEORGES.

Vous alliez chercher un ordre de déportation contre moi et contre votre femme... car
ma mère est votre femme à présent.

CAMPBELL.

Eh bien, oui, j'allais chercher un ordre de
déportation, parceque je vous hais de toute la
haine de mon cœur ; parceque je ne puis souffrir que vous viviez sur la même terre que
moi ; parceque je ne veux pas que vous viviez
heureux, quelque part que ce soit ; parceque
je veux appeler sur vos têtes toutes les malédictions et tous les opprobres du monde ; parceque je ne serai pas content jusqu'à ce que
j'aie vu vos yeux s'éteindre dans les larmes et
votre cœur se sécher dans la douleur.

GEORGES.

Eh bien, moi, je te remercie, Campbell, de
ta haine et de ton infamie... Ma mesure de colère était pleine, tu viens de la faire déborder ;
et je t'en remercie !... Tu avais tué mon père et
mon frère, et j'allais te pardonner ; tu avais
déshonoré ma mère, et j'allais te pardonner ;
parceque tu avais le droit de m'appeler ton fils...
mais, à cette heure, tu veux nous déporter, moi,
parmi les assassins, ma mère parmi les femmes
perdues... Ah ! je ne te le pardonnerai pas... et
tu mourras !...

CAMPBELL.

Mais je ne mourrai pas sans vengeance, du

moins ; dans quelques instants l'on viendra vous
chercher, l'ordre de déportation à la main.

GEORGES.

Détrompe-toi, milord !... cet ordre... le voilà !...

(Il le déchire.)

CAMPBELL.

O malédiction !... pas de vengeance !... tue-
moi donc !

GEORGES.

N'aie pas peur !... je veux te tuer, je ne veux
pas t'assassiner.

CAMPBELL.

Un duel !

GEORGES.

Oui, un duel !... un duel à mort, sans pitié
ni merci... un duel où l'un des deux restera...
et si tu as besoin d'un défi... le voilà !...mon beau-
père !

(Il lui jette les morceaux de papier à la figure.)

CAMPBELL.

Oh ! du sang ! du sang ! battons-nous !

GEORGES.

A l'instant.

CAMPBELL.

Le lieu ?

GEORGES.

Cette chambre.

CAMPBELL.

Des armes ?

GEORGES, décrochant deux épées à deux mains.

En voici !

CAMPBELL.

Des témoins ?

GEORGES.

Dieu et mon père...

(Ils ramassent chacun une épée.)

CAMPBELL.

En garde !

(Ils se portent un coup violent.)

VOIX au dehors.

Mon père ! mon père !

GEORGES.

On vient !... ils nous sépareraient peut-être...
entrons là tous les deux ! il n'en sortira qu'un.

CAMPBELL, passant le premier.

Oui, oui, qu'un seul.

(Ils entrent dans la chambre de gauche au fond et ferment
la porte en dedans.)

SCÈNE VIII.

MARGUERITE, CLARY.

MARGUERITE.

Qu'ai-je entendu ?

CLARY, accourant échevelée

On m'a dit que mon père était ici

MARGUERITE.

C'est vrai... eh bien?

(On entend le cliquetis des épées.)

CLARY.

Eh bien, ils se battent!

MARGUERITE.

Ah! mon Dieu!... mon Dieu!

CLARY, secouant la porte.

Georges!... mon père!...

MARGUERITE, de même.

Georges!... Campbell!... mon fils!

SCÈNE IX.

LES MÊMES, GEORGES.

(La porte s'ouvre, Georges apparaît, sanglant, appuyé sur son épée.)

CLARY.

Georges!... mon sauveur!...

MARGUERITE.

Georges!... mon enfant!...

CLARY.

Et mon père?

GEORGES.

Je l'ai tué!...

CLARY, allant à la porte de droite, et revenant.

Lui!... tué par vous!

GEORGES.

Et moi par lui!...

MARGUERITE.

Toi aussi!... toi mourir!

GEORGES.

J'ai accompli mes destinées sur la terre : toutes deux vous étiez déshonorées; à toutes deux je vous ai rendu l'honneur, et maintenant je vous laisse veuves toutes deux.

CLARY et MARGUERITE, pleurant.

Ah! mon Dieu!...

GEORGES.

Le dernier des Campbell vient de mourir; près de lui va mourir le dernier des Glenarvon... qu'avec nous meurent aussi nos haines de familles... Pour l'amour de moi... aimez-vous... l'une l'autre... Adieu!

(Il meurt.)

CLARY et MARGUERITE.

Ah!

(Elles se baissent sur lui.)

MARGUERITE, se relevant.

Il est mort!

CLARY, se relevant et lui tendant les bras.

Ma mère!...

MARGUERITE, la pressant dans les siens.

Ma fille!... nous!... vivons pour notre enfant!

FIN DE GLENARVON.

PARIS. — IMPRIMERIE NORMALE DE JULES DIDOT L'AINÉ, n° 4, boulevart d'Enfer.